左手老板，右手人力

让中小企业人力资源
管理策略落地

杨钢 著

电子工业出版社
Publishing House of Electronics Industry
北京·BEIJING

未经许可，不得以任何方式复制或抄袭本书之部分或全部内容。
版权所有，侵权必究。

图书在版编目（CIP）数据

左手老板，右手人力：让中小企业人力资源管理策略落地 / 杨钢著 . — 北京：电子工业出版社，2021.5
ISBN 978-7-121-40942-4

Ⅰ. ①左… Ⅱ. ①杨… Ⅲ. ①中小企业 – 人力资源管理 Ⅳ . ① F276.3

中国版本图书馆 CIP 数据核字（2021）第 062553 号

责任编辑：张振宇
印　　刷：涿州市京南印刷厂
装　　订：涿州市京南印刷厂
出版发行：电子工业出版社
　　　　　北京市海淀区万寿路 173 信箱　　邮编：100036
开　　本：700×1000　1/16　　印张：16　　字数：260 千字
版　　次：2021 年 5 月第 1 版
印　　次：2021 年 5 月第 1 次印刷
定　　价：68.00 元

凡所购买电子工业出版社图书有缺损问题，请向购书店调换。若书店售缺，请与本社发行部联系，联系及邮购电话：（010）88254888，88258888。
质量投诉请发邮件至 zlts@phei.com.cn，盗版侵权举报请发邮件至 dbqq@phei.com.cn。
本书咨询联系方式：（010) 88254210，influence@phei.com.cn，微信号：yingxianglibook。

卷首语

据统计，占中国企业总数 90% 的中小企业，提供了 80% 以上的城镇劳动就业岗位，贡献了 70% 的技术创新，创造了 60% 的 GDP，贡献了 50% 以上的税收。但中国的中小企业平均寿命不到 5 年，而且在新冠肺炎疫情之后，中小企业还将面临更为严峻的发展挑战——在转型升级的大背景下和大公司或头部公司争夺人才。这就意味着中小企业需要尽快解决人才短缺的问题，需要尽快全面、系统地升级企业的人力资源管理体系。

基于上述原因，就有了这本书的定位：写给员工人数为 50~500 人的中小企业的老板和非人力资源管理者，作为策略类书籍，而不是一本阐述人力资源管理技术、工具和方法的工具书。尽管内容中多少也会谈及部分人力资源管理技术、工具和方法，但其实这本书的定位（至少我希望）是一本讲述如何正确理解并选择各种人力资源管理技术、工具和方法，如何开展人力资源管理工作的指导书。因为在十六年的管理咨询生涯中，接触了大大小小近二百家企业、服务了超过一百家企业之后我发现，绝大多数企业的经营管理问题，归根结底不是技术、方法和工具层面的问题，而是企业的领导者和各部门管理者缺乏意识、思想观念陈旧导致的，这显然不是工具书能解决的。

除此之外，本书之所以有这样的定位，是因为真正决定企业人力资源管理水平的人，不是 HRVP、HRD 和 HRM，而是企业的领导者；

企业的领导者可以不懂人力资源管理技术、工具和方法，但一定要有正确的人力资源管理意识和恰当的人力资源管理策略。因此，这样的定位决定了本书不会用太多的篇幅去阐述人力资源管理技术、工具和方法，而是重点围绕观念、思路和策略，去阐述中小企业人力资源管理应当遵循的普适规律和通用原则。同时，为了将某些模块和某些篇章阐述得更清楚，我会适当地导入一些工具图表和模型，但主旨依然是帮助中小企业的中高层管理者等非人力资源管理者去掌握最重要的理念和策略——相信只要中小企业的领导者有了正确的理念和恰当的策略，工具和方法层面的问题就很容易解决了，各种人力资源管理问题也就迎刃而解了。

最后想跟读者朋友们说的是：我会全力以赴将本书写得既浅显又有深度，浅显是为了让非HR专业的管理者也能看得懂，有深度是为了能给企业的领导者带来触动，使其读后能有所行动。倘若力有未逮，敬请读者朋友们谅解！

目 录

第 1 章 人力资源规划　　　　　　　　　　　　　001

1. 员工盘点——人力资源规划之前的基础工作　　002
1.1 员工数量盘点的"总－分－总"原则　　003
1.2 员工结构盘点的范围和颗粒度　　004
1.3 员工能力盘点的目的　　006

2. 人力资源规划的主要内容　　008
2.1 人力资源工作目标必须基于问题现状或总体目标　　009
2.2 人力成本费用与收益测算　　010
2.3 人员需求预测的注意事项　　012

3. 编制工作计划，将规划变成行动　　014

第 2 章 招聘与配置　　　　　　　　　　　　　015

1. 人员招聘的能与不能　　017
2. 企业招聘的三种类型与操作对策　　019
3. 外部招聘与内部竞聘的优缺点与适用条件　　022
4. 破解招聘难题的七种标本兼治的方法　　023

4.1 扩大简历来源　　025
　　4.2 提高简历质量　　031
　　4.3 提高人才识别能力　　034
　　4.4 提高人才吸引力　　043
　　4.5 提高人才稳定性　　051
　　4.6 提高人才供应能力　　054
　　4.7 转型升级　　059
　5. 招聘风险与基本对策　　062
　　5.1 法律风险与基本风控方法　　063
　　5.2 道德风险与基本风控方法　　064
　　5.3 操作风险与基本风控方法　　065
　　5.4 健康风险与基本风控方法　　066

第3章　薪酬福利管理　　067

　1. 战略性薪酬福利的基本内涵和效用分析　　068
　2. 四种定薪方法之优缺点对比　　070
　　2.1 基于业绩定薪的基本策略与注意事项　　072
　　2.2 基于能力定薪的基本策略与注意事项　　073
　　2.3 基于市场定薪的基本策略与注意事项　　074
　　2.4 基于职位定薪的基本策略与注意事项　　076
　3. 薪酬成本与财务数据的关联及匹配　　079
　4. 长期激励的内涵与适用条件　　084
　　4.1 短期激励与货币激励是基础与核心，其余方式都是补充　　086
　　4.2 越是中小企业就越应该丰富激励内容和激励方式　　087
　5. 让补充福利兼顾弹性和引导性——积分制福利的最佳实践　　088

第4章　目标与绩效管理　　095

　1. 公司使命、公司战略与公司目标的区别　　096

  2. 目标的类型与分类管理　　　　　　　　　　　　099
  3. 目标转化、分解细化与量化的重要性　　　　　　　100
    3.1 目标不完整，缺乏落地的实施策略与保障体系　　102
    3.2 眉毛胡子一把抓，指标选取不当或指标失去焦点　　103
    3.3 缺乏绩效考核必备的基础数据　　　　　　　　106
  4. 绩效考核到底能解决什么　　　　　　　　　　　107
    4.1 绩效考核的三个真相　　　　　　　　　　　　107
    4.2 绩效考核结果的应用范围　　　　　　　　　　109
    4.3 导入并用好绩效考核的三个策略　　　　　　　112
  5. 主流绩效考核工具方法的优缺点与适用范围　　　115
    5.1 KPI 的优缺点与适用范围　　　　　　　　　　116
    5.2 360°考核的优缺点与适用范围　　　　　　　　116
    5.3 BSC 的优缺点与适用范围　　　　　　　　　　118
    5.4 OKR 的优缺点与适用范围　　　　　　　　　　120

第 5 章　员工培训与开发　　　　　　　　　　　　　123

  1. 正确认识员工培训的价值与意义　　　　　　　　124
  2. 员工培训的能与不能　　　　　　　　　　　　　125
  3. 培训由始至终的八个步骤全过程解析　　　　　　126
    3.1 培训需求分析　　　　　　　　　　　　　　　126
    3.2 培训规划　　　　　　　　　　　　　　　　　130
    3.3 培训计划编制　　　　　　　　　　　　　　　133
    3.4 培训预算编制　　　　　　　　　　　　　　　135
    3.5 培训策划　　　　　　　　　　　　　　　　　136
    3.6 培训实施前的准备工作　　　　　　　　　　　138
    3.7 培训启动与实施　　　　　　　　　　　　　　139
    3.8 培训效果评估　　　　　　　　　　　　　　　140
  4. 主流培训方式的优缺点与适用范围　　　　　　　141

第6章　企业文化管理　　143

1. 企业文化的意义与作用　　144
- 1.1 企业文化的引领功能　　145
- 1.2 企业文化的提供价值判断依据功能　　145
- 1.3 企业文化的凝聚功能　　146

2. 企业文化理念体系的框架、内涵与作用　　147
- 2.1 企业使命的定义与作用　　147
- 2.2 企业愿景的定义与作用　　148
- 2.3 企业核心价值观的定义与作用　　148
- 2.4 企业经营理念的定义与作用　　149
- 2.5 企业管理理念的定义与作用　　149
- 2.6 员工行为规范的定义与作用　　150

3. 企业文化落地的四种方式与常见的落地方式　　150
- 3.1 以企业文化产品为核心，使其书面化、可视化、可触化　　151
- 3.2 以企业文化活动为载体，让企业文化仪式化、群体化　　152
- 3.3 以企业文化传播为动力，传播经营管理之道　　152
- 3.4 以企业文化培训为支撑，让企业文化内化于心　　153

第7章　组织变革管理　　155

1. 传统组织形式所面临的挑战　　156
- 1.1 产品种类多、批量少、迭代快，迫使组织转型　　157
- 1.2 VUCA时代要求组织具备更高的灵活性与容错率　　157

2. VUCA时代的组织演进趋势　　158
- 2.1 组织规模的小型化　　159
- 2.2 组织层级的扁平化　　163
- 2.3 组织形式的项目化　　164

3. 组织变革，文化先行　　164
- 3.1 价值观里应树立和强化员工的适应性和拥抱变革的新内涵　　165

3.2 经营理念需立足 VUCA 时代的互联网化与跨界化的要求	165
3.3 管理理念应包含开放、平等、分享的重要内涵	166

第 8 章　企业改制与用工方式管理　　167

1. 企业用工方式的两大变化——短期化与社会化	168
1.1 短期化用工的背景与成因	168
1.2 社会化用工的背景与成因	169
2. 从员工关系到伙伴关系——雇佣关系的演变趋势	172
2.1 合伙人关系	174
2.2 甲乙方合作或联盟关系	175
3. 合伙人制的能与不能	176
3.1 合伙人的定义	176
3.2 合伙与合资的区别	178
3.3 合伙人制的目的和功能	179
3.4 合伙人制适合什么企业	180
3.5 合伙人制的推行对企业创始人 / 创始团队的要求	181
3.6 合伙人制能解决什么问题、不能解决什么问题	182
4. 人口结构和就业观念的变化对企业招聘与用工方式的影响	183
4.1 人口结构的变化及其主要影响	184
4.2 就业观念的变化及其主要影响	185

第 9 章　数据应用管理　　187

1. 关于数据应用的七个常见误区	189
1.1 误区一：数据应用需要依托 IT 技术或其他管理软件	189
1.2 误区二：数据应用需要具备 IT 技术或大数据相关技能	190
1.3 误区三：数据应用对 HR 的专业知识与技能要求很高	191
1.4 误区四：数据应用有特定的行业或应用对象 / 环境的要求	192
1.5 误区五：数据应用能解决 HR 管理的六模块问题	193

1.6 误区六：对数据分析抱以不切实际的幻想　　194

1.7 误区七：对应用环境没有要求　　194

2. 数据的来源与价值　　196

2.1 数据分析的作用与意义　　196

2.2 数据的主要来源与类型　　199

3. 企业如何做数据掘金　　202

3.1 数据挖掘的基本原则　　203

3.2 数据挖掘的基本步骤　　207

3.3 数据分析常用的工具方法　　210

4. 如何避免数据挖掘的误区　　214

4.1 混淆小数据与大数据的区别　　214

4.2 挖掘不具备连续性的偶发数据　　215

4.3 挖掘的数据远超或不够数据分析所用　　215

5. 如何应用 HR 与组织类数据　　216

5.1 能解释因果的 HR 成本效益类数据　　218

5.2 功能多、应用范围广的 HR 管理类数据　　221

5.3 HR 管理类数据的颗粒度与四种数值　　223

6. 将数据分析应用于 HR 六模块工作的最佳实践　　225

6.1 应用于人力资源规划的最佳实践　　226

6.2 应用于招聘管理的最佳实践　　229

6.3 应用于绩效管理的最佳实践　　233

6.4 应用于薪酬福利管理的最佳实践　　234

6.5 应用于员工培训开发的最佳实践　　238

6.6 应用于人力成本管理的最佳实践　　240

后记　　**243**

第 1 章

人力资源规划

> **本章导读：**
>
> 人力资源规划如果升维就是人力资源战略，如果降维就是人力资源年度工作计划；对于中小企业而言，尽管变化远大于计划，但这并不意味着企业不需要对人力资源管理工作进行相应地规划，至少需要涵盖人力资源工作目标、人力成本与收益、人员需求预测这三项基本内容。
>
> 大企业由于"体格"庞大，一旦确定战略和目标通常不会轻易改变，所以特别强调各项工作的计划性和统筹性；中小企业尽管规模小，相比大企业更容易调整战略和目标，但也需要有基本的战略，至少需要有工作计划。因为按部就班、有章法、有流程、有规则，是成熟企业最重要的标志。
>
> 中小企业可以没有人力资源战略，但不能没有人力资源计划。本章就去繁就简地围绕人力资源计划如何编制而展开。

1. 员工盘点——人力资源规划之前的基础工作

员工盘点其实就是企业对员工进行一次摸底，其主要有三个维度：一是掌握现有员工的人数；二是掌握现有员工的职位分布和员工结构；三是掌握现有员工的业务能力。员工盘点内容如表 1-1 所示。

表 1-1　员工盘点内容释义表

盘点维度名称	盘点内容	盘点目的
员工人数盘点	员工总人数盘点	评估业绩与员工总人数的关联，从而了解企业人均劳动生产率的变化
	各部门员工人数盘点	评估组织调整策略与公司目标/战略/定位是否匹配

续表

盘点维度名称	盘点内容	盘点目的
员工结构盘点	员工部门与职位分布盘点	评估组织调整策略与公司目标/战略/定位是否匹配
	员工职级分布盘点	评估各级管理者的管理幅度是否合理
员工能力盘点	基于现有绩效考核的盘点	评估五个考核等级的员工占员工总数的比例是否合格
	基于未来战略的KSF盘点	评估员工是否及多大程度上具备了基于未来战略/目标要求的能力

具体的员工盘点内容、原则与方法如下：

1.1 员工数量盘点的"总-分-总"原则

如果仅仅是统计在编员工的总人数，企业随时可以完成，根本不需要在开展人力资源规划之前如此郑重其事地操作。员工的数量盘点不是统计总数那么简单，而"总-分-总"的统计原则，其实是三个层面的要求。

第一个"总"是统计在编员工总人数。统计员工总人数时不能只盯着人事档案，否则缺乏参照系、缺乏对比的员工总数统计没有任何意义。尽管企业的营业收入与利润增加、市场份额扩大之后，员工总人数和企业规模也会扩大，但是随着科技水平的不断进步，AI、智能化和无人化/少人化进程的持续加速，员工总人数的增幅应该小于企业营收和利润的增幅——用更少的人来创造更多的价值，其实就是全员人均劳动生产率的提高。因此，企业在做员工人数盘点时应该先与历年数据做比对：员工总人数可以比上年增多，但企业的营收和利润及人均劳动生产率应该比上年更高，否则这样的规模扩张就是低质量的扩张，企业应当慎重。此外，如果条件具备的话，企业还可与行业领先企业进行对比，看看自己与行业标杆之间的差距。

第二个"分"是将在编员工按部门进行统计。虽然是按部门统计，但不同部门的人员数量变化，其实能体现和还原出许多有用的信息。例如，A公司2018年营业收入为2.5亿元，员工总人数为211人。其中，研发技术部的员工为6人，营销部的员工为34人，生产管理部的员工为16人，人力资源部的员工为4人……；2019年，A公司营业收入为3.7亿元，员工总数为235人。其中，研发技术部的员工为11人，营销部的员工为40人，生产管理部的员工为10人，人力资源部的员工为5人……一年时间，A公司的营收从2.5亿元变成3.7亿元，增幅48%；员工总人数从211人变成235人，增幅11.4%；人均劳动生产率从118.4万元变成157.4万元，增幅32.9%，说明A公司注重创新和研发投入的决策取得了良好的成效，这从经营结果、研发技术部的人员增编与生产管理部的人员缩编中得到了印证。简言之，分部门统计员工人数不仅可以看出一家企业的行业特色和产品特色，也能推测出该企业潜藏的问题及其管理水平。

第三个"总"是完成上述统计分析和交叉分析之后所导出的结论。这个结论既是员工人数盘点工作的终结，又是下一步工作的开始。新的一年公司有新的目标，包括财务目标、市场目标、客户目标、管理目标等，为了完成这些目标，公司打算在人员编制上做出哪些规划？为完成这些规划，公司需要配置多少名员工？各个部门的员工编制应当如何确定？

1.2 员工结构盘点的范围和颗粒度

任何统计分析工作都需要成本，也需要由专业人员来完成，而绝大多数中小企业的精力和资源都是围绕业务来展开的，在财务、人力、法务等职能序列/支持序列的人员配备上通常会略显单薄。因此，开展本项工作可粗可细、范围可大可小，具体如何选择还需根据企业的实际情况来确定。

总体而言，员工结构盘点应该覆盖部门分布、职级分布、司龄分布、认证人才数这四个维度（人才认证工作的复杂性和难度较高，通常更适合高科技企业或创新/技术驱动型企业，条件不足的企业可以暂缓开展本项工作），因为划分为四个维度进行结构盘点有利于对现有人员进行交叉分析和比对，且四个维度的分析更全面、颗粒度更细致，能为日后的人力资源规划或企业/人员转型提供足够的信息支撑。

部门分布盘点的意义绝不只是统计企业各部门的员工人数，而是通过部门间的员工人数比对，去分析企业的组织设计参数和设计理念，与公司业务定位是否匹配，是否满足未来转型升级的要求。因为一家企业的所处行业及其基本战略，能够通过组织模式、部门设置及各部门的人员数量表现出来。例如，注重研发与技术创新的企业，研发部/开发部/技术部的员工人数必然会占据员工总人数相当高的比例，反之亦然。

职级分布盘点的主要作用是统计企业的管理层级及各级管理者的管理幅度，为评估和调整组织模式、优化组织结构和管理幅度做准备。业界最通行的做法是将企业里的员工层级划分为高层、中层和基层，这三个层级分别对应总经理/副总级、部门经理级和员工级。

如果是人数超过50人且分支机构较多、职位和职级较多的中小企业，可以将职级划分为四层，即高管层（总经理级）、中层（经理级）、骨干层（主管级）和基层（员工级）。如果员工人数超过200人但又不想划分为五个层级的话，也可以只设置四个层级，即在三层的基础上增设一个决策层（总经理级）。这个决策层在私企里通常是资深的高管、股东或股东合伙人，在国企里则是常务副总。决策层与高管层最大的差异在于，决策层需要承担公司重大事务的决策职责，而高管层通常只负责某些职能的统筹管理（如财务副总、营销副总、技术副总等）。

结合多年的咨询经验和研究我发现，对于不同员工总数的企业，其不同层级的员工数量分布可采取一定的经验值进行配置；如果不是因为历史原因或公司战略转型，各层级员工总数超出或不足表1-2和表1-3所示的配比，那么企业就需要提高警惕了。因为一旦出现这种情况，通常意味着冗员/缺编、职责划分不合理、管理幅度过大，或者是企业的管理流程不畅，需要及早进行调整。

表 1-2　50人以下小企业员工层级分布最佳实践统计表

管理层级	职位示例	人数分布
高层	总经理、营销副总、技术副总、财务副总	1~3人
中层	营销部经理、财务部经理、技术部经理	3~5人
基层	销售代表、资金会计、测试工程师	20~40人

表 1-3　50~200人中小企业员工层级分布最佳实践统计表

管理层级	职位示例	人数分布
决策层	总经理、书记、技术副总、销售副总、财务副总	3~5人
高管层	技术总监、营销总监、工程总监、生产总监、人力总监	5~7人
中层	技术部经理、营销部经理、工程部经理、财务部经理	7~11人
骨干层	技术主管、财务主管、营销主管	14~20人
基层	销售代表、资金会计、招聘专员	100~150人

1.3 员工能力盘点的目的

员工能力盘点是为了了解绩优员工的占比、员工技能与目标要求之间存在的差距。员工能力盘点有两种方式，一种是基于公司现状的能力盘点，着眼于绩效考核结果；另一种是基于未来的、公司未来战略或目标要求员工具备的能力盘点。前者适合近三年内公司战略没有重大调整，业务与产品相对比较稳定的阶段之企业；后者适合计划/正在转型升级或转行转产，处于进入新行业、全新的客户或全新产品的阶段之企业。

第一种方式是通过立足现有的公司战略与目标及所生成的绩效指标和指标标准，用排序法将员工的绩效考核结果进行排名，根据企业的绩效标准，将全体员工的考核结果按照"卓越、优秀、达标、较差、不合格"这五个等级来划分，并统计出每个等级的员工人数及各自占全体员工总人数的比例，再从绩效考核后的统计结果中找出问题并制定相应的改进方案。但是这五个等级的定义和标准，还需要结合企业自身的管理诉求、管理基础和发展阶段来设定，学界和行业都没有通行的标准可供参考。

假如企业施行的绩效考核是全面、客观、有针对性并且量化的考核方式，一般情况下"卓越+优秀+达标"的人数能占据企业员工总人数的70%以上（非强制分布法），那就可以认定该企业的员工能力基本合格，没有大的管理问题或人才问题；反之，如果"较差+不合格"的人数占比超过30%的话，那么企业就需要审视自己的员工能力、员工素质是否存在问题了。

第二种方式则是跳出当前、着眼未来的公司战略或目标的能力盘点。在选择这种方式之前，有一个重要的准备工作需要完成：根据公司未来的战略/目标/业务定位，将其分解和转化为与之相对应的能力，并将这些能力细化和分级（与能力素质类似）；此外，如果有条件的话，企业最好能从内部找到标杆员工或者从行业领先企业里寻找外部标杆。这种方式的本质其实就是通过细化、分解和转化公司未来的战略或目标，将其转化为员工级的KSF（Key Success Factor，关键成功要素），然后再将梳理和分解、转化所得的KSF作为参照物，通过BEI（Behavioral Event Interview，行为事件访谈），去评估和统计有多少员工、在多大程度上具有未来战略或目标所要求的能力。

两种方式相比较，第一种操作简单但存在与公司未来脱节可能的弊端，适合短期内战略与业务没有大的变化的企业或缺乏资深专业人员的企业；第二种相对复杂但立足长远，与公司未来的战略或定位保持强相关关系，有着极强的指向性。这两种方式并无先进和落后之分，具体选择哪一种方式，还需要结合企业的实际情况。

备注：尽管企业转型升级失败的原因有很多，但有一个很普遍也非常重要的原因就是企业文化未及时转型。企业所处的环境、企业的经营范围、企业的产品性质发生了变化，就必然要求其价值观、经营理念和管理理念随之调整。因此，尽管转型升级是未来至少十年的企业发展主旋律，但正确的操作步骤应该是：战略转型 – 企业文化转型 – 组织和人员转型。

2. 人力资源规划的主要内容

美国前海军部部长莱曼曾说过，外行谈战略，内行谈后勤，现代战争打的就是后勤。这个观点也基本适用于当今的企业。

从广义上讲，人力、财力、技术等关键要素，都可以算作后勤的范畴；而企业之间的竞争，表面上看是智慧、策略、实力的竞争，本质上其实是人和人才的竞争。作为支撑公司战略或目标的关键要素之一，人才或人力资源的价值逐年提高，而人力资源战略或人力资源规划工作也被越来越多的企业重视。

如本章开篇所述，人力资源规划升维就是人力资源战略、降维就是人力资源年度工作计划；而对于中小企业而言，即便不做人力资源战略，也需要对人力资源管理工作进行相应规划。而人力资源规划包括人力资源工作目标、人力成本与收益预测、人员需求预测这三个维度的内容。内容如表 1-4 所示。

表 1-4 人力资源规划内容释义表

人力资源规划维度	主要工作内容细化	主要工作成果名称
人力资源工作目标	对公司上年度面临的突出人力资源问题与管理问题进行分析汇总，形成问题列表及相关说明	"上年度人力资源管理问题盘点"（有别于员工盘点）
	为实现公司目标或战略，需要完成的重点工作/事项列表及相关说明	"人力资源部年度重点工作目标与改进计划"
	人力资源部重点工作的量化，尤其是工作输出或工作成果的量化	"人力资源部年度重点工作标准与释义"
人力成本与收益预测	年度营收与毛利预测，全口径人力成本（企业承担的部分）预测	"年度营业收入与毛利预测""全口径人力成本明细表"
	上年/下年的年度人均劳动生产率统计/预测	"上年度人均劳动生产率统计""下年度人均劳动生产率预测"及差值对比分析
	人力资源费用预测（特指招聘费与培训费）	"招聘费用预算"（包括内部竞聘与内推费用）"培训费用预算"
人员需求预测	通过解读、分解、细化和转化公司战略或目标，来开展对新增员工的人数、结构和能力要求的预测	"下年度人员增编统计表""下年度新增人员部门分布统计""下年度各部门员工核心能力说明"（条件不足可省略）

具体的人力资源规划内容、原则与方法如下：

2.1 人力资源工作目标必须基于问题现状或总体目标

在设定人力资源工作目标时，不能简单地把各模块或人力资源相关工作任务的目标进行汇总，而是要基于企业面临的问题现状的分解与倒推，以及企业总体目标的细化、分解和转化，形成人力资源工作目标。如果人力资源工作目标的设定脱离了这个基本前提，那么后续工作将失去方向并且与企业实际情况脱节。

企业的问题现状与企业的总体目标是设定人力资源工作目标的关键参数，但企业面临的问题或企业总体目标在大多数情况下无法直接应用为人力资源工作目标，还需要对这些问题进行深度挖掘并找到归属于或更适合于人力资源部门来完成的工作，并且还需要对企业总体目标进行相应地细化、分解和转化，才能最终变成企业的人力资源工作目标。

例如，企业的员工流失率较高，明显超出同类企业或同行的正常值，那么对于此类情况的处理方式显然不是将提高招聘到岗数，或者招聘人数作为人力资源部的年度工作目标，而是需要分析是何种原因导致了偏高的员工流失率。假设通过全面的统计分析与调查后发现，员工流失率过高的原因是薪酬机制不合理、绩效考核不合理，那么人力资源部的工作重点就不能放在招聘工作上，而是要着手解决薪酬管理与绩效考核这两个真正的驱动因素上。这是基于问题现状的人力资源工作目标设定方式。

同理，假设某个代工型企业正在实施转型升级，开发高附加值和高技术含量的自有品牌产品，需要增设技术开发部去专责研发新产品，那么势必要求企业进行相应地组织变革，同时需要对原有的价值创造、价值评价和价值分配机制进行重大调整。那么，这就意味着人力资源部在新的一年里，需要对企业的组织与职位体系、人才管理体系、薪酬福利体系、绩效管理体系进行改革，并制定全新的工作目标而非过往工作的延续，这是企业总体目标导向的人力资源工作目标设定方式。

2.2 人力成本费用与收益测算

无论企业是否实施了全面预算管理，无论企业是否选择了阿米巴经营模式或虚拟利润中心模式，人力资源部门都应当树立和强化经营意识与成本意识，并且将经营意识和成本意识贯穿于人力资源工作的全过程。因此，借鉴财务部门的思维和工作方式，在开展人力资源工作中导入经营分析、成本管理、预算管理的方式，不仅有助于衡量工作的成效，更重要的是能让企业领导和部门领导更直观、更简洁地了解人力资源部门的工作，从而显著改善人力资源部门与企业高层和各部门的沟通与协作。

人力成本与收益测算不只是人力成本费用预算，还包括经营分析、成本费用管理和人力资源工作标准制定的工作。相关内容在表1-4中已有体现，此处不再重复，只阐述其目的和意义。

首先，年度营收与毛利预测是人力资源成本费用预算的基础，但无须人力资源部来完成，可向财务部门或相关部门索取资料。

其次，全口径人力成本预测（含五险一金）则是在年度营收与毛利预测的基础上开展的类预算工作，旨在预测在新的经营目标或新的公司战略要求下，企业需要承担的人力成本，以此确定企业人力成本的总盘子。

再次，对上年的人均劳动生产率进行统计，是为了画定底线，让下年的人均劳动生产率不能比上年更低。除转型升级、加大研发投入、高额损失计提或超期应收款项等原因外，通常人均劳动生产率都应当呈现出逐年递增的趋势，而非相反。因此，有时候会出现这种情况：下年公司营收和利润目标在上年基础上新增了20%，但随着新技术和新设备的应用或管理水平与员工技能的提升，员工总人数却只增加了5%，这就是人均劳动生产率提高了的表现。

许多互联网公司和科技公司创立不过两三年，其人员规模就从数人变成数百甚至数千人，最后要么大规模裁员要么破产倒闭。除了其盈利模式存在先天缺陷，受"互联网思维"和"流量思维"的影响、不考虑人均劳动生产率和企业组织生长规律的盲目扩张也是关键因素。

最后是人力资源费用预测。薪酬福利与五险一金是相对固定的成本，只要企业存续就会发生，而在人力成本之外还有一些经常发生的费用，需要单独列支并进行预测。其中，人力资源费用里占比最大、最主要的有两个科目，一是招聘费用，二是培训费用。但是在此之前，需要先分析和统计企业的全员/各部门离职率、全员/各部门人均劳动生产率和员工能力水平，因为这三个关键指标都会对招聘费用和培训费用产生重大影响。

由于每个企业的实际情况不同，而且不同的招聘渠道和培训方式/培训频次的费用相差极大，所以无法给出招聘费用与培训费用的绝对标准，但是可以通过两个新的指标来进行测算——招聘人数占员工总人数的比例，以及培训费占公司企业年度营收或全口径人力成本的比例。

除转型升级和加大研发投入等原因外，正常经营的企业年度招聘人数占员工总人数的比例在 10% 以内为宜：过高通常意味着企业的管理漏洞大、管理问题多，过低则意味着员工更新迭代太慢、企业缺乏活力。将这个招聘比例的总人数统计与总的招聘费用统计之后，即可得出招聘费用。培训费用占企业年度营收的比例通常为 1%～3%，并且越是人才密集型、技术密集型或创新驱动的企业，其培训费用的占比越高；反之，流通型企业、贸易型企业与代工型企业，培训费用的占比就偏低。培训费用占企业年度营收比例的高低，既能体现企业对人才、创新的重视程度，又能体现企业的行业特征和成熟度。

人力成本费用与收益测算的范围就是上述四个方面。如果条件允许，将测算做得更精细的话，就能做成预算，但对于多数中小企业而言，能做好测算就基本够用了，不必事事都对标大企业。

2.3 人员需求预测的注意事项

人员需求预测的工作涵盖三个层面的内容，一是人员总体增编人数的预测，二是结构或部门的预测，三是新增人员能力的预测及现有人员能力提升范围的预测。

人员总体增编人数的预测可以采取由上至下法或由下至上法。这两种方法所遵循的原则不尽相同。由上至下法是公司人力资源部门根据公司战略或发展目标，参照全员人均劳动生产率这个重要依据、结合下年度的财务目标进行计算，并设定增编的数额；而由下至上法则是公司各部门对自身的任务目标和工作饱和度、人员胜任度进行统计，并上报人力资源部门进行核定。在许多时候，由上至下法所得出的增编数额与由下至上法所得出的增编数额都会有一定的差异，并且通常都是后者提报的增编人数比前者核定的增编人数要多。原因也很容易找到：各部门只管完成自己的任务或指标，不会过多考虑招聘难度、人力成本和人均劳动生产率这些因素。所以，许多企业都想推行阿米巴模式或虚拟利润中心制，就是想将成本控制、自负盈亏的责任下沉到各部门。

需要特别强调的是，公司目标的实现、公司业绩指标的完成，不是以人头堆砌的增编方式来实现的，无论是人力资源部门还是各业务部门与职能部门，在设置年度编制时都应时刻谨记人均劳动生产率和适度从紧这两个基本原则，并在增编过程中始终以人员合格、岗位胜任为准绳。同时，需要充分考虑有些部门缩编、有些部门增编，但公司总体编制并未发生变化或者只增加了很少的人员编制的情况。所以，从实际情况来看，对于诸多中小企业而言，选择由上至下法更为适合。

还有一种情况，其人员增编可以不考虑上述因素：正在转型升级或处于战略调整期的企业。因为这类企业的组织模式、组织架构和员工结构都会面临重大调整，既可能会增设新部门和新岗位，也可能会裁撤或合并某些部门和岗位。所以，此阶段的企业可按特殊情况来特殊对待。

在新常态下的中小企业都不得不全力以赴地去提高产品的技术含量与附加值，从低质、低价、低技术的竞争阶段中抽身，去积极主动地拥抱转型升级——这就要求企业加大研发与创新力度，而研发与创新都会通过部门设置和岗位设置的方式体现和贯彻。换言之，企业在设定年度增编方案时，不仅要关注总量和部门分布，更要关注新增编制的结构有没有朝着转型升级与技术驱动或创新驱动的方向调整!

3. 编制工作计划，将规划变成行动

在完成人力资源规划的核心内容之后，还需要制订工作计划和行动方案，形成完整的 PDCA 循环，让规划变成计划，让计划变成行动。人力资源规划的行动方案与工作计划，通常会以六个既定的步骤来开展，如表 1-5 所示。

表 1-5　人力资源规划的行动方案与工作计划的制订步骤及主要内容释义表

步骤编号	步骤名称	详细工作内容	主要成果名称
1	制定各项任务截止时间表	根据人力资源规划所形成的各项工作，制定任务清单并根据轻重缓急去设定截止时间和里程碑	"人力资源部年度重点工作目标与改进计划" "人力资源部年度重点工作标准与释义"
2	全体动员会	召开全员大会或部门负责人会，提前告知任务细则并动员全员积极配合	无
3	资源配置与人员分工	列出完成人力资源的各项重点工作所需的资源，以及各分管领导与各部门负责人的角色与分工	"人力资源部年度工作任务责任人"
4	技术支持辅导	向各部门提供完成人力资源各项重点工作所需的必要讲解、培训与技术支持	无
5	阶段小结与改进	对人力资源各项重点工作的里程碑进行小结，找出不足并持续改进	无
6	结束后的总结与效果评估	对已完成的人力资源各项重点工作进行总结，并择机进行效果评估	"人力资源部年度工作任务完结评估报告"

第2章

招聘与配置

本章导读：

招聘其实跟相亲有许多相似之处——招聘方就像相亲的单身男女，总是希望找到高富帅或者白富美，至少也希望找到"条件比较好"的人。但有意思的是，无论自身条件好不好，多数人和多数企业往往会"越级"去追求/招募条件明显比自身要好的人。这是人之常情，完全可以理解。但是一分钱一分货的道理，也同样适用于人员招聘，因为市场这只看不见的手在发挥作用。尽管有时候也会有运气的因素在内，但到最后还是要靠实力说话，包括硬实力与软实力。

此外，招聘与相亲、择偶还有一个相同之处：如果实在招不到首选的心仪人员，企业还可以退而求其次，去招聘那些潜力大、成长性好、可塑性强、招聘难度和成本相对较低的人员。因为对于这类人员，企业只需要稍加投入就能在不太长的时间内令其成长和增值，成为企业所需的高价值人才。所以，企业其实不必总是盯着"成品"或成熟人才，如果求之不得或代价高昂，也可以去招聘"半成品"或高潜力人员，并提供适当的培训和实践机会让"半成品"变成"成品"，这种解决思路尤其适合中小企业。

关于招聘面试技术、测评工具的工具书已经有太多了，本书不打算重复也不打算标新立异，而是把招聘往回退一步去思考招聘——企业为什么要招聘？是否有其他方法可以取代招聘？招聘真的能够解决企业面临的问题吗？

招人难、招人贵、留人难的社会性问题，在中小企业身上会体现得更加突出。中小企业要破解招聘难的问题，不能从招聘本身或招聘面试技术上去下功夫，而是要从其他方面着眼、着手。

1. 人员招聘的能与不能

改革开放四十多年的时间里，中国的职业经理人和职场人的数量与质量都有了翻天覆地的变化，至少在一二三四线城市里，哪怕是只有几个人的微型企业，员工也至少是大专毕业；而在北上广深等一线城市，人数在 5 个人以上的公司里至少有一名员工是本科毕业，甚至连送外卖和快递的人员都有相当一部分是本科甚至是研究生学历。但是反观这些企业甚至规模更大企业的老板们，情况就不那么理想了；换言之，无论是归结于高校扩招还是外资合资或五百强企业的培养与启蒙，都不得不承认：在当下的职场中，合格的雇员所占的比例普遍比合格的老板所占的比例要高。

这种情况就导致了一个看似正常实则反常的现象：总有一些企业经常性地招聘，其招聘广告常年刊登在各大招聘网站/App 上。排除掉假招聘的因素，这种长期且多为固定几个岗位的招聘，通常只能说明一个问题：企业的老板或高管的战略决策或管理水平存在重大短板，以至于许多事务难以正常推进，从而期望通过开出高薪、高职的条件从外界招聘人才去解决老板或高管分内的、战略层面和重大决策与基础管理上的问题；或者是由于企业自身有许多重大问题和短板未解决，所以根本招不来或招来了也留不住人；又或者是对人员的要求与期望值过高，但企业自身在管理素质与工作氛围和环境上却始终无法真正留住人才、用好人才，形成恶性循环。因此，老板的问题只能由老板来解决而不能期望员工哪怕是高管来解决，筑巢引凤这个成语其实有次第之分——先筑巢后引凤，但大多数中小企业都把这个顺序弄反了，所以才陷入越招聘越流失而短板始终无法补齐的困境。

老板们不能指望招到一两个牛人来替企业解决只能由老板亲自解决的问题，就像父母可以在许多事情上帮助子女，但唯独不能替代子女去工作、生活。所有的五百强企业和跨国公司，以及所有的国内独角兽企业如华为、阿里、腾讯、百度、头条等，之所以能有今日之成就，其核心人才几乎均为自行培养而非外聘的。例如，对建成腾讯帝国有着突出贡献的刘炽平先生，也是当初在腾讯已经初具规模之后，并且是借着其当年在高盛就职且有过麦肯锡工作经验、亲手操盘腾讯上市的机缘，被马化腾先生相中并经几度推心置腹地诚邀，最终才加盟腾讯并一直任职至今。

人员招聘能解决的问题，从类型上看更多的是企业职能类型的问题，例如研发创新、生产制造、财务管理、人力资源、供应链等；从层级上看，几乎都是重大决策与战略性决策之下的问题，例如，将既定的决策更好地执行与完成、如何将某个决策做好而不是应当做哪些重大决策等。概括起来就是：如果企业存在的问题是定位、方向性和战略性的重大选择问题，或者是管理基础、企业文化层面的问题，通常不太容易通过外聘高管来解决。除非是这种情况：企业老板或创始人/创始人团队将公司重大经营决策和重大管理事项完全委托给职业经理人，由其全盘操作、全权负责。但这种情况对于诸多尚未完成体系化建设与职业化改造的中小企业而言，可行性不太高。

综上所述，人员招聘可以解决或部分解决运营和专业职能管理层面的问题，但对重大决策与战略性层面的问题及管理基础和企业文化方面的问题则力所不及，还是需要依靠老板亲力亲为。雪中送炭、拯救企业于危机之中的重任还须由老板去完成而无法假借他人之手，而锦上添花、更上层楼让企业二次壮大和成长的任务，则可以交给职业经理人，但须先筑巢才能引凤。

21世纪最重要的东西之一是人才，但比人才更重要的是英明的老板！寄望于招聘并不能够从根本上解决人才断顿的问题。

2. 企业招聘的三种类型与操作对策

企业招聘有三种类型：一是扩张性招聘；二是补偿性招聘；三是替换性招聘。尽管都是招聘，但三种招聘类型背后的原因却有明显区别，并且这三种招聘通常都能折射出行业的成熟度，也能体现企业的成熟度、管理水平及企业当时的所处阶段。

扩张性招聘主要是由于企业规模扩大、业务扩张的需要，所产生的招聘需求。这种招聘对雇主和对求职者而言，都是相对更健康、更靠谱的一种。但是，扩张性招聘容易使企业出现盲目乐观和激进的错误。人员快速增加所产生的成本需要对应的业务去消纳，导致成本压力陡增；而人员快速增加还会产生另一个副作用：管理者与管理团队的准备不足，难以应对短期内迅速增加的管理幅度和管理纵深。

补偿性招聘很好理解，就是因企业的人员流失而导致原职位出现空缺需要继任者，但无法通过分解工作或内部调剂的方式来应对该问题，只能通过外部招聘的方式来解决。此类招聘需求可能是因企业的管理不善、用人不当所导致的人员流失，也可能是由于原岗位人员因个人原因辞职，更可能是由于薪酬福利缺乏竞争力进而被竞争对手挖走或原在职者跳槽导致的职位空缺。

替换性招聘稍显无情——企业有意识地主动裁掉某些员工（如老员工、高薪员工、跟不上公司发展或转型要求的员工），再以更低的成本去招聘年轻又廉价的新员工或新时期、新业务所需的新型员工。"由来只有新人笑，有谁听到旧人哭"的现象，当前在行业和许多企业里存在，原因一是企业在为当初盲目不理性的扩张而买单；二是用这种替换性招聘的方式让企业轻装上阵，用相对较低的代价（更少的编制）去实现人员的转型升级。几年前流行过一句话，"时代抛弃你的时候，连招呼都不打一声"，这句话适用于每一家企业，也同样适用于每一个职场人。

对于这三种招聘，企业所遵循的途径和选用的方法以及应对策略也都各有不同。据我本人的咨询经验和研究发现，企业可采取如下对策：

对于扩张性招聘，企业应遵循稳健原则，并借鉴商业银行惯常采取的压力测试方法，去计算在现有资金实力与管理水平下，企业所能承载的最大限度的员工人数，再将这个最大限度的员工人数减去现有员工总人数，就能得出当期的扩张性招聘的最高人数。用这种方法来设定当期的扩张性招聘人数上限，既能兼顾业务扩张的需要又能兼顾企业支付能力和成本压力的考量。

备注：商业银行的压力测试是一种以定量分析为主的风险分析方法，银行压力测试通常包括银行的信用风险、市场风险、流动性风险和操作风险等方面的内容，旨在测试在模拟极端条件下，商业银行的资产负债表是否暴露出重大问题，以及在模拟极端情况下所面临的偿付能力与流动性风险。

对于补偿性招聘，则要找出人员流失的原因，具体问题具体分析。再优秀的企业也会存在一定的离职率，过高肯定不正常但过低也不正常，而且不同行业、不同规模、不同发展阶段的企业，员工离职率也会存在较大的差异，所以无法给出一个精确的参考标准；但以我从事管理咨询十六年的经验判断，除了初创期和衰退期，多数企业的年度离职率通常在 10% 左右为正常。如果离职率过低甚至为零，那么就可以判定该企业人员老化现象严重，缺乏活力和创新力，如同一潭死水，同样需要引起警惕。

综上所述，分析评价补偿性招聘是否正常，还有一个最简单的判断方法：主动辞职人数少于被动辞职人数，并且补偿性招聘人数占三种类型的招聘总人数的比例不超过 30%。

而对于替换性招聘，站在企业的立场考虑，这是一种综合了业务扩张需要与转型升级考量，并且兼顾了成本代价与管理水平和管理难度的最可行方案，尽管对那些被替换掉的员工而言显得有些无情，却是企业为了适应新常态和激烈竞争而不得不采取的一种最可行也是副作用最小的选择，在当下也是职场招聘的主流。

替换性招聘在操作时，企业需要特别注意两个问题，一是避免误伤；二是做好被裁撤员工的安置工作，合法合规并控制舆情风险。

要避免误伤，企业可通过如下基本方法来操作：首先要根据公司战略与发展目标，结合未来的定位去重新设计企业的组织架构与职位设计，依照新的组织模式、部门设计和职位设计去做人员画像，再根据新的人员画像去评估现有人员的人岗匹配度，通过量化分析（人岗匹配度得分）设定及格线，将那些低于及格线的人员纳入被替换的人员和岗位名单；腾退出来的编制与人力成本，基本上可以覆盖未来新职位、新员工的编制和成本，即便不足也无须投入太多。这种避免误伤的方法有两个关键点：一是对未来的新职位和新人员有精确的认知，形成新的"四定"（定岗、定责、定编、定薪）；二是对现有人员的能力素质、业绩水平与人岗匹配度有着客观、完整的认识。

员工安置工作的开展，必须建立在合法合规的基础上并尽量控制舆情风险。替换员工与裁撤大可不必采取突击裁员或限时离职这种简单粗暴的方法，企业其实有相对充裕的时间，更恰当的方式是：在新的组织模式、部门设计和职位设计完成之后，在开展人员画像和人岗匹配度测评之前可以先内部公告（必要的话同时完成欲保留员工的单独谈话，以避免误伤或引起不必要的动荡），然后再给出1~3个月的时间作为缓冲期，让员工有机会去求职。在缓冲期内，既可以让员工自行离职并依法制定赔偿方案，也可以让那些其实有潜力但是缺乏转岗机会的员工去重新竞聘新岗位。这种操作方式不仅能够妥善安置那些被裁撤的员工，还能避免误伤并发现被遗漏的人才。

3. 外部招聘与内部竞聘的优缺点与适用条件

外部招聘是企业的人员的外循环，旨在打开人员的外部输入端口，相当于给一个封闭的水池开通一条能引入外部活水的管道；内部竞聘是企业开启了人员的内循环，相当于在一个封闭的水池里构建起了内部生态，目的是通过开启内循环来开启人员的内部流动、识别与调配机制。外循环或内循环都是为了解决企业的人才短缺问题，外循环不一定能从外部引入优秀的人才，内循环也不一定无法从内部识别和找到优秀的人才。并且，外部招聘与内部竞聘都有各自的优劣势和适用条件，没有绝对的好坏或高下之分，企业可以只择其一或同时选择。

外部招聘与内部竞聘的优缺点与适用条件如表 2-1 所示。

表 2-1　外部招聘与内部竞聘的优缺点与适用条件对比表

招聘类型	主要优点	主要缺点	适用条件
外部招聘	1. 人才多样化程度高，企业选择多 2. 能招到跨界人才，为企业带来新气象 3. 能通过招聘面试了解竞争对手的部分情报	1. 招聘成本高，有长短不一的磨合期 2. 提高管理难度，对企业现有人员构成未知的影响 3. 新员工不一定都能融入企业文化和管理团队	适用于所有条件
内部竞聘	1. 招聘成本低，没有磨合期 2. 不会提高管理难度，能对企业现有人员产生正向的激励和催化作用	1. 人才多样化程度低，企业选择少 2. 难以招聘到新型人才，不利于改变人才结构和整体氛围	1. 对人员编制、人力成本与薪酬标准有着严格要求的企业 2. 外部招聘无果或难度较大的企业

转型升级是当下中国企业面临的重大挑战之一，尤其对占据了中国企业总数 90% 的中小企业而言，这是一个异常艰巨但又不得不去完成的重任。要成功实现转型升级，最重要的也是最先需要解决的是人员的转型升级；而人员的转型升级，首先需要老板们的转型升级——观念转变、素养升级、方法升级。

从外部获取人才固然是行之有效且惯常采用的方法，但企业不能将转型升级或解决经营管理问题所产生的人才缺口全都寄托于外部招聘，内部竞聘同样是一个操作性强的低成本解决方案，关键在于企业是否能够识别人才、用好人才。

4. 破解招聘难题的七种标本兼治的方法

招聘难、招聘贵、留人难的情况，不仅发生在制造业和服务业，还存在于大数据、AI 等高科技企业。当前几乎所有行业和所有规模的企业，都面临不同程度的招聘难、招聘贵与留人难的问题。

这三个问题表面上看是招聘层面的问题，但实际上是多种因素共同作用的结果，绝不仅仅是招聘面试技术欠缺或招聘广告投放不足那么简单。实际上，导致这些问题的原因非常复杂，有些是企业层面的问题，有些是社会层面的问题。因此，不能只从招聘工作上着手，还需要多管齐下才能解决问题。在展开这个话题之前，还需要通盘分析是哪些原因导致了招聘难、招聘贵和留人难的问题。了解了问题的原因，企业才能够更好地对症下药，结合自身实际情况制定针对性的解决方案。

归根结底，导致上述社会问题的原因主要有五大因素，如表 2-2 所示。

表2-2 招聘难、招聘贵、留人难成因分析表

主要因素	成因分析	主要影响
人口结构变化	1. 人口老龄化导致劳动力人口年龄增大 2. 少子化，青壮劳动力总量减少	1. 部分行业企业的员工老龄化严重 2. 劳动力密集型行业招聘难度和成本越来越高
就业方式多元化	1. 创业/弹性就业、灵活就业人群增多 2. 财产性收入占比提高并成为主要收入来源	所有行业都面临不同程度的招聘难度增加问题
就业观念的转变	1. 从事喜欢的职业，兴趣爱好因素占主导 2. 生活成本高、竞争压力大、收入低，农村与小城镇机会更多，促使劳动人口从城市开始回流到农村	
供求矛盾	1. 供需错位，企业需要的岗位市场无法提供 2. 部分行业/技术高速发展导致的人才缺口，以及高等教育的学科设置与就业市场需求存在脱节	1. 所有行业都面临不同程度的招聘难度增加问题 2. 部分行业和部分职位，招聘难度与人力成本大大提高
企业支付能力不足	1. 要素成本上升让企业难以负荷，薪酬增幅滞后于要素成本增幅 2. 企业生产的产品附加值低，支付能力不足而无法满足高精尖人才所需	部分行业的招聘难度与招聘成本、人力成本提高

招聘难、招聘贵、留人难这个复杂的社会问题，其实是企业的发展战略与传统的运营管理模式已经跟不上环境变化的结果，是一个关系企业未来的定位、运营管理与流程优化的系统性问题，并不只是招

聘本身出现了问题，甚至可以说不仅仅是企业的人力资源管理体系出现了问题。所以，不能只是头痛医头脚痛医脚，需要从多个方面着手，甚至是跳出招聘、跳出人力资源管理去审视和解题，才能实现标本兼治。

综上所述，破解招聘难、招聘贵和留人难的问题，从易到难、从标到本总计有七种方法。有些企业只需要采取前四种或前六种中的某一种或全部方法就能解决这些问题，而有的企业只能选择难度最大但也是最有效的第七种方法。

这七种方法中有几种已经超出了人力资源管理专业的范畴，属于公司战略与业务定位层面的话题，照理说与 HR 们没有多少关系，但依然在本书的定位之内：给中小企业的老板们看，强调人力资源管理理念和策略，淡化人力资源管理工具和方法。更何况时代在发展，社会在进步，也没有哪家企业的 HR 还可以两耳不闻窗外事、一心只做人力事。因此，与时俱进是条必由之路。

4.1 扩大简历来源

扩大简历来源的基本目的是扩大有效候选人的基数。因为在符合率不变的前提下，简历的基数越大，符合要求的人数也就越多。

这是所有的 HR 在开展招聘时都会首先想到的方法，因为这种方法最简单也最快速。但是，在实施这一最常见也是最容易的方法之前，企业应该首先问自己两个问题：招聘广告打算让什么人看到？看到招聘广告的人是不是招聘的目标群体？这两个问题如果没有想清楚的话就不要轻易地扩大简历来源，因为所有的招聘都是有成本的，HR 虽然不是财务，但同样应该关注费效比。

包括收费的与免费的在内，企业最常见的简历来源主要有 11 种，其适用职位及扩大方式如表 2-3 所示。

表 2-3 简历来源和适用职位对比表

简历来源	适用职位	主要操作方式
招聘网站	所有职位	高频度刷新，信息置顶
猎头	中高级职位	挑选专注于相关行业/职位的猎头
招聘会	初级职位	展位设计、公司介绍的影音与文字材料以及展位的位置与面积
招聘 App	基层职位	内容着重介绍公司情况及职位信息
熟人推荐/微信朋友圈	所有职位	扩大交际圈、掌握更多同行的微信，以及朋友圈转发
校园招聘	初级职位/管培生	提前布置，多与校方联系并赞助、参与应届生的相关主题活动
公司官网	所有职位	及时更新与发布，用滚动图片/弹窗的方式放置于首页
公司微信订阅号/服务号/H5	所有职位	提高订阅量是基础，增加招聘信息与简历或联系方式登入的端口
行业协会	所有职位	在行业协会网站发布招聘信息，以及行业活动现场布置展架、留下联系方式
内部竞聘	中高级职位	公司内网/通知/BBS 发布竞聘公告
大 V	所有职位	大 V 在抖音、快手等直播平台或其他垂直短视频平台直播，吸引粉丝与粉丝转介绍

——**招聘网站**

招聘网站广告是最常见也是综合性价比较高的一种简历来源和招聘方式，每家企业都会首选在招聘网站上投放，其中最知名的就是有着"北智联、南无忧"的智联招聘、51Job 和猎聘网这三大网站。但多数企业都会同时选择在这三家网站投放，比的就是谁刷新快、谁能长期保持置顶，这在理论上能够提高收取简历的数量。

从目前来看，除了初级职位，通过各大招聘网站来获取候选人进而实现招聘目标的效果越来越差。所以，招聘网站投放广告只是一个必要条件但绝非充分条件——投放广告很必要，但效果很可能无法保证。

——**猎头**

猎头公司有很多，而猎头公司的能力与规模大小并不呈正比。就我本人而言，我更愿意挑选那些小而精、专注于行业的猎头公司，而不是什么行业什么职位都涉足，或者声称聚焦若千千万元年薪职位的猎头公司。因为聚焦相关行业可以明显提高候选人的数量和质量，与雇主的共同语言会更多，能够提供更具针对性的售后服务；而且聚焦行业的猎头公司，对行业与职位的了解程度会更深，不仅相对更容易提供更多的候选人和给候选人做更精准的人才画像，而且对候选人与职位的匹配也会做得更好一些。

——**招聘会**

招聘会的周期相对比较固定，而且通常由地方政府机构主导。因此，招聘会并不适合那些有着迫切招聘需求的企业，除非是专场招聘会（如研发人员专场招聘会、IT人员专场招聘会），否则周期性的常规招聘会，其参会人员的质量和数量普遍不高。而对于地处三四五线城市的企业而言，由于城市小、发达程度低、就业机会少等原因，通过招聘会来收取简历的效果往往比在一二线城市要好一些。

简言之，招聘会更适合初级职位或者有特殊情况的职位（如海归、退伍军人、残疾人等）。

——**招聘 App**

招聘 App 通常不太适合中高层职位，往往更适合初级职位，原因很简单——职场人一旦身居企业的中高层职位，尤其是行业中稍有名气的企业的中高层，早就被猎头惦记上了，没必要下载招聘 App；反过来说，如果中高层打算跳槽，也不会选择招聘 App 这种方式，至少不是首选。

本质上，招聘 App 不过是网站招聘变成 App、从大屏幕换成小屏幕而已，效果其实并不如招聘网站的 PC 端。

——熟人推荐/微信朋友圈

熟人推荐/微信朋友圈理论上更靠谱、更有效，但是由于其局限性太大，所以熟人推荐/朋友圈发布只能作为一个补充，关键还是借助线下——通过线下的多种活动，结识同行业或相关行业的人士并添加为好友，通过朋友转发、转介绍来实现招聘目的。

互动吧是一个比较适合结交陌生人的社交类 App，可以参加他人举办的活动，也可以自己发起活动。如果是招聘方自己发起活动，还需要做好前期的策划，确保主题与内容能够吸引目标群体参与，否则来的人再多也没有意义。

相比之下，定位于商务社交的脉脉，虽然对结识同行或圈外的朋友能起到一定的作用，但对于招聘的效果并不理想，因为招聘与社交、商务交往的场景和语境完全不同。如果费用不高的话，企业也可以尝试一下。

——校园招聘

首先，但凡稍具规模的企业都会参加校园招聘，如果先不考虑薪酬福利而只看适宜性的话，校园招聘首先不适合中高级职位；其次，行业内的知名企业和头部公司往往会比非知名企业获得更多的关注和简历量。因此，名气不大、地位不高、薪酬福利没有明显优势的企业尤其是中小企业，并不适宜采取校园招聘的方式；如果一定要做校园招聘，也不要等到春秋两季毕业季才开始校招，而是以常态化的方式、以企业的名义赞助目标院校、目标院系，举办各种非功利的赞助活动，甚至可以与校方联办，包括支助贫困生、设置各种专项基金（奖学金）等方式。通过这些长期投入去赢得目标学生群体的好感，也赢得美誉度和口碑，那么即便薪酬福利待遇没有明显优势，也能吸引到更多优秀的应届生去面谈。

——公司官网

虽然目前已经很少有求职者会通过登录目标企业的官网来投递简

历，但招聘网站无法展现更多关于企业的背景信息。因此，可以将招聘信息同时发布在招聘网站和公司官网上，并在招聘网站设置链接引导求职者从公司官网获取更全面、更立体、更正式的信息，这对提高简历数量有积极作用，但必须两者同步，只靠公司官网效果会很差，除非是行业内数一数二的领军企业。此外，如果恰逢公司集中招聘，最好在官网上用滚动图片或弹窗的方式将招聘信息放置于首页，而不要通过导航栏进入二级页面才能看到相关信息（例如"加入我们"），在招聘工作结束之后再将首页的滚动图片或弹窗撤销。

——公司微信订阅号 / 服务号 / H5

公司微信订阅号或服务号首先不是为了招聘而设置的，更多的是承担企业宣传窗口与销售平台的角色，因此，不能将其作为发布招聘信息的重点方式，最多只能当作发布信息的平台之一。并且，对于公司微信订阅号或服务号而言，最重要的是通过多样化的方式和内容，提高粉丝数量与活跃度，以及线上线下活动的参与度，这才是微信订阅号与服务号最重要的使命。在此基础上，才能顺带地发布招聘信息，企业不可本末倒置。

H5依托于微信平台，因其能发图片、音乐和文字，所以成为在微信上发布企业信息、产品信息与招聘信息的最佳选择，用H5比单纯的发布文字要更立体、更丰满。不过，图片、文字、音乐需要精心设计和精心选择，确保一致性与针对性。

如果发布H5格式的招聘广告，应当涵盖职位的基本信息，以及公司、团队、领导者的风采，除与职位有关的场景与资料外，还可以发一些生活化的场景与资料，例如团建活动照片、家庭照片等，因为这些场景更能吸引求职者的关注。

——行业协会

虽然不是所有的行业都有行业协会，但通常都会有QQ群/微信群，或者定期、不定期举办的活动（例如峰会、沙龙、讲座、联谊会等），这些机构或活动都是结识同行业最直接、最有效的方式。尽管行业协会或 QQ 群/微信群通常禁止发布招聘信息（避免挖墙脚的恶性竞争），但这至少可以给行业内企业提供一个互通有无、了解同业、结交同行的机会。如果协会允许，可以在协会举办的活动上发布招聘信息，如果不能，也可以在行业活动现场布置展架并留下联系方式。

——内部竞聘

大多数企业在面临人才缺口时首先想到的是从外部获取，只有少数企业会重点考虑内部竞聘、内部挖潜，所以隐藏的人才或潜力人才往往被闲置、浪费。但我始终认为，通过员工内部竞聘获得人才的机会并不比从外部获得人才的机会更低，除非是全新的业务、全新的岗位。因为内部竞聘无论是从成本、人员融合度、认同度和效率上看，还是从现有人员的职位发展通道来看，都比从外部获取要好。不过，如果是内部竞聘，不仅需要结构化、量化任职资格，还应该组建类似内部竞聘委员会的虚拟机构，对候选人进行综合评价，同时应该设置一个主题，让候选人对这一主题，在新职位进行述职报告，以此判断候选人是否合格。这比纯粹的结构化面试要系统、全面得多，也更能有效地帮助企业提高候选人与招聘职位的人岗匹配度。

——大 V

大 V 本质上是 KOL（Key Opinion Leader，关键意见领袖），尤其是那些粉丝在数十万甚至更多的外部大 V，有很高的话语权和公信力。不过，外部大 V 不一定愿意承接这种广告（他们更适合承接产品广告）。通过外部大 V 投放招聘广告的话，费效比会比较低。因此，可以将外部大 V 替换成企业员工或高管，通过粉丝转化为求职者或转介绍来实现招聘目的。

不过，做大 V 需要具备如下三个条件：

（1）是企业的高管，有较高的话语权；

（2）形象较好，并且会聊天；

（3）能确保每天至少一更（发文、发图）并且有时间与粉丝互动。

目前看来，除了微博，还有抖音、快手等短视频可以作为一个补充，这种方式可以让招聘工作变得生动有趣，效果也比较理想。

4.2 提高简历质量

提高简历质量的目的是在简历数量不变的前提下提高筛选的质量，确保有更多合格/达标的简历不被遗漏，以及让不合格/不达标的简历在面试之前就被筛除。

提高简历质量的方法有三种，它们有一个共同点，也是最重要的一个指导原则：通过提高简历申请人与职位描述（任职要求）的匹配度来提高候选人的合格率。

在前文中谈到了11种扩大简历来源的方法，其中有几种方法既能扩大简历来源又能有不错的简历质量，例如猎头和行业协会，但是猎头的费用高、周期长，没有任何一家企业可以只依靠猎头来获取人才；而行业协会不是所有行业都有。因此，在简历质量不变的前提下扩大简历来源虽然也是一种行之有效的策略但并不足够，HR还可以在简历来源数量不变的前提下去提高简历质量。

基于上文提及的提高简历质量的一个最重要的指导原则——提高简历申请人与职位描述（任职要求）的匹配度，可以延伸出三种提高简历质量的方法。

——提高简历申请人质量

不把教育体制的问题、城市之间的差异和用人单位自身原因这三个因素考虑在内的话，简历申请人（求职者）与职位描述（任职要求）的匹配度是最影响简历质量的前提条件。因为不同的简历来源，其质量存在明显的差异——就像用人单位很难通过招聘App或微信朋友圈招到高管，这不是招聘App本身与微信朋友圈的问题，也不是招聘启事的问题，而是对于高管职位，招聘网站与猎头更适合；要获得高质量的高管简历,不应将招聘 App 或微信朋友圈作为首选,而应通过其他途径,否则从这两个来源上获取的简历只会是有数量而无质量。所以要提高简历申请人质量需要注意:根据所招聘的职位选择恰当的简历来源(招聘途径)。至于什么职位适合什么招聘途径,在上文已有提及,此处不做赘述。

——结构化招聘启事,细化任职资格

无论是招聘、人员配置(定岗)、学习培训还是职业规划,结构化、清晰明确的任职资格都能起到重要的作用。对于招聘而言,清晰明确的任职资格可以起到三个作用。首先,让求职者了解职位的具体要求,最大限度避免因对职位要求的理解不清导致的误投简历的情况;其次,可以帮助招聘面试的 HR 与用人部门做好候选人的备选方案(次优人选的条件,即找不到最佳候选人时的次优候选人的条件);最后,可以在薪酬谈判时增加用人单位的筹码,有针对性地谈条件。

因此,要想做好招聘工作,首先不是准备结构化面试,而是定义完整的任职资格,这是开展后续的申请人简历筛选与结构化面试的重要前提。关于任职资格的构成与任职资格的应用范围,如图 2-1 与图 2-2 所示。

基本条件	生理条件,如性别、身高、五官、年龄等 学历,如本科学历、学位、英语六级证书等 工作经验,如5年工作经验或1年以上成本会计岗位经验 执业资格,如会计证、驾驶证、律师证等法定资格证明
知识与技能	必备知识,如金融行业知识、劳动合同法、人力资源知识 实操能力/技能,如项目管理能力、谈判能力、人际交往能力、沟通表达能力等(偏重于实操的能力)
能力素质	行为背后的潜意识与深层动机等价值观层面的特质,如成就导向、影响力学习意识、合作意识等(基本由先天决定,大多数成年人的能力素质通常很难改变,它是决定胜任力和业绩的关键驱动因素)

图 2-1 任职资格的构成维度与构成要素

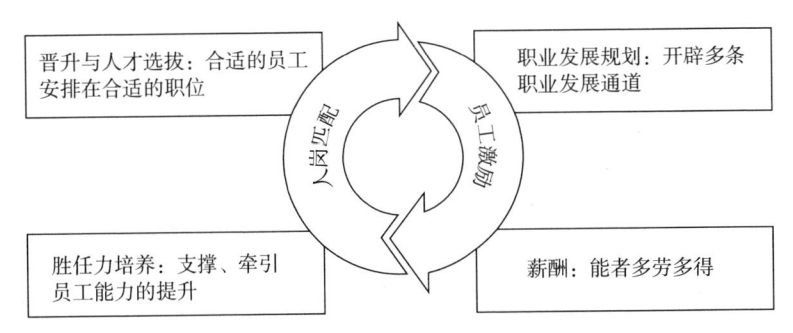

晋升与人才选拔：合适的员工安排在合适的职位

职业发展规划：开辟多条职业发展通道

人岗匹配　员工激励

胜任力培养：支撑、牵引员工能力的提升

薪酬：能者多劳多得

图 2-2　任职资格的应用范围

——选择恰当的招聘时期

人才招聘不是去菜市场买菜，不是想招就能招到的，并且就算是去菜市场买菜，也有时间选择的技巧。例如，早市和下午市通常能够买到新鲜的蔬菜，晚上就只能买到别人挑剩的菜或无菜可买。同样，在同等条件下，不同的招聘时期也会有不同的招聘效果。

至于什么时期才是最恰当的招聘时期，这个问题我觉得可以反过来看，即避开最不恰当的时期。通常应该避开以下三个最不适合招聘的时期：

——每年春节前两个月

这个时期通常为每年的 11 月底到下年的 1 月底，除了那些下定决心立刻辞职的人员，很少有人会主动离职，原因很简单——为了拿到年终奖。所以，除非特别着急的职位，否则招聘时应该避开这一时期，因为在这一时期即便能物色到合适的候选人，也可能面临候选人无法立刻到岗的情况。

——推进组织变革或业务重组之时

除非用人单位打算招聘一个有着丰富的组织变革与业务重组经验的高管，否则应尽量避免在此期间招聘，因为组织变革会导致人心惶惶影响士气，而且变革之后的组织与职位会出现重大变化，从而导致岗位职责与任职资格发生变化。尽管变化肯定是所有行业未来的常态，但变化对于新入职的人员而言通常会产生负面作用，会影响其稳定性。

——论文答辩之前的一个月

这个时期应届生都忙着准备撰写论文和答辩。这时多家企业集中起来做校园招聘，会面临其他企业的竞争，虽然集中了大多数有意向参加工作的应届生，所以总体上效果不会太好。

4.3 提高人才识别能力

提高人才识别能力的实质是避免误判或明珠蒙尘，其作用与提高简历质量类似但侧重点不同。

提高人才识别能力，需要从人才的面试问题类型、面试团成员构成、背景调查、面试题库这四个方面着手，确保企业或面试官能够更加全面地了解候选人，从而避免误判或明珠蒙尘。

——扩展面试问题维度

扩展面试问题维度旨在从更多视角与侧面去分析和判断求职者在工作与生活的各个方面的表现，从而避免问题维度过于单一所导致的缺漏。因为人是带有面具的，在职场上有职场面具、在生活中有交际面具，每一个面具下的"我"都是真实的"我"，但每一个场景和面具下的"我"又只是完完全全的"真我"的一部分。所以，不能只关注求职者的工作，还应了解求职者的生活与兴趣爱好，因为这有助于更全面、更深入地了解求职者，当然这一切都应在合法且不违背求职者意愿的前提下进行。

通常我会在求职者同意并且不令其反感的前提下，在其过往工作经历与业绩之外去询问以下四类问题。

一是兴趣爱好。

兴趣爱好广泛的人通常也热爱生活，性格会比较积极乐观；没有什么兴趣爱好的人通常比较沉闷、乏味。如果兴趣爱好多为参与者多、热闹的交际型，则通常此人外向、人际交往能力较强，适合人际交互类工作，例如销售、客服、市场、公关等；如果兴趣爱好多为安静、独立性的，例如绘画、手工、徒步穿越等，则通常此人更内向、专注，适合研究型工作，例如研发、技术等。

兴趣爱好没有绝对的好坏之分，而兴趣爱好的多少也不意味着好与坏，关键是所招聘的岗位是什么工作性质，要求什么样的性格特质及能力素质。

二是婚育情况。

尽管婚育情况不能完全反映求职者的行为特质和内在，但仍然有一些共性的规律可供参考。例如：已婚／已育人士的稳定性通常更高，单亲妈妈／爸爸的责任感通常更强（因为抚育子女需要物质条件，更需要以身作则）。

三是职业规划。

无论求职者是否在此、原单位做过职业规划，对于工作经验在五年以上的求职者而言，如果没有对自己未来的设想、没有对职业目标的规划，哪怕只是粗浅的、不成熟的想法，通常说明此人要么缺乏目标性，要么缺乏危机感。

对于企业稳定性（在一家企业工作的时间）和职业稳定性（在一个职位或一个职类从业的时间），我更在意后者——前者对应的是企业忠诚度，但如果频繁跳槽（我的标准是一年时间内更换过企业或五年时间内更换过四家企业，哪怕是不断地晋升），除非因为公司倒闭或并购重组，否则其求职动机和稳定性的确存疑；后者则能够说明求职者是否有明确的目标，而持续地在一个职类和职位上工作，不仅其职业经验更丰富，也能说明其有着清晰的职业目标和自我认知。如果只是企业换了但职业没换，那么可能并不都是求职者自身的原因，也会有企业的原因。

四是经济负担。

经济负担是压力也是动力，尤其是有房贷、车贷、父母需要赡养、子女需要抚育的求职者，相比那些无负担或经济条件良好的求职者而言，前者的职业稳定性、危机感、目标导向程度会更高一些。

但是任何事情都有两面性，经济负担较重的求职者通常会更在意收入，也会更在意奖金/绩效方案，这对用人单位而言不完全算是好事，但也不是坏事。

——优化面试团成员构成

再小的企业通常也不会只有一轮面试，而大型企业尤其是跨国公司，通常不会少于三轮面试。当然，面试轮数的多寡只能说明用人单位是否规范、慎重，并不能说明其面试水平的高低，因为面试水平与面试团成员的构成及面试官的个人能力有关。

由于招聘是一项既费体力又费脑力的苦差事，而且用人部门可能没有那么多的时间和精力去参加每一轮面试，所以通常首轮面试都是由人力资源部门来独立完成的。除首轮面试外，兼顾了面试效果与面试成本的面试团成员结构应该按如下分布：

初级职位（基层人员）：招聘人员（专员/主管或经理）+用人部门经理；

中级职位（经理、部长）：招聘人员+HR经理+用人部门经理+HR总监或分管副总；

高级职位（总监、副总）：HR经理+用人部门分管副总+HR总监或分管副总，如为终面则另加公司总经理或董事长（上市公司招聘高管还需通过董事会及提名委员会）。

优化面试团成员结构的目的，一是能从不同的视角去询问求职者，消除面试时可能出现的疏漏；二是能综合各方意见和建议，通过各方对所招聘职位工作内容、工作环境、工作特点的理解，结合对求职者的了解，给出能代表不同主体的意见与建议，避免偏见与偏好。至于面试团成员的话语权重，各企业可以根据自身情况来确定。通常

HR 部门在提问时侧重于性格特质、行为动机、价值观，以及薪酬福利方面的问题，而用人部门在提问时侧重于专业知识、工作内容及行业认知方面的问题；至于分管副总或总经理、董事长等高管，则可以根据自己的偏好来提问，不一而足。

——翔实的背景调查

背景调查（Background Check）主要是为了最大限度地消除求职者的履历造假或注水，以及在原单位任职期间口碑不佳等道德风险，是为了维护用人单位的权益。

无论是由用人单位自行完成还是委托第三方机构来完成背景调查，以下五个方面的调查内容都是必须认真完成的。

一是学历/执业资格调查。

学历/执业资格调查主要是为了消除因造假或注水所导致的用人风险，这个比较简单而且可以免费查到，用人单位可以自行完成。

二是犯罪记录调查。

目前，中国公民无法自行查询犯罪记录，只能由用人单位向公安机关提供相应的书面申请，并注明查询的用途，经公安机关审核通过后才可查询。

由于查询周期长、过程烦琐，在犯罪记录调查并未向社会与公民开放的背景下，用人单位不必对所有岗位的求职者都进行犯罪记录调查，只需要对高管以及风险密集型岗位覆盖即可，例如财务经理、总监、副总，以及核心研发人员。但是，若为二级或以上的保密单位，则很可能对所有的涉密岗位都要开展犯罪记录调查。

三是原单位职业信息与业绩调查。

调查原单位职位信息是为了消除履历注水即夸大职位的情况，例如把主管写成经理、把经理写成总监，这种职位名称上的注水比较容易识别；比较难以识别的是求职者在原单位从事过的某些工作或任务的介入程度，例如将参与说成负责、将配合说成主持。此类在权限上注水的情况相对比较难识别，但做背景调查的人员又必须做到最大限度地识别，因为有很多工作如果仅仅是承担某一部分而非全面负责的话，招聘进来之后很可能会产生无法胜任进而导致工作难以开展的问题。

职位信息的调查，可以通过用人部门的面试官询问详细的相关经历来核实，原因很简单：如果真的像求职者说的那样，是"主持、负责"这类高阶权限的话，对于工作或任务的总体框架、设置初衷的思路与关键点，以及重要的里程碑和难点，肯定能清楚地表述出来；而如果能对在原单位曾经经历过、新的单位又特别在意的某些工作或任务有着系统、全面且深刻的理解与认识的话，通常该求职者的水平肯定不差。换言之，对于此类问题，面试官可以采取情景面试的方式来验证求职者在原单位职位信息的真实性。

业绩调查则有一定的难度，因为求职者的原单位不一定导入了绩效考核，即便有绩效考核，不是当事人也很难判断原单位导入的绩效考核的有效性，而且很难通过求职者原单位的人力资源部门来核实。不过，面试官可以向求职者询问如下几个问题，例如"你在原单位是否属于优秀员工？""你有没有被扣过绩效工资？""通常你的绩效工资/奖金每个考核期的系数是多少，最低的时候是多少？""你在原单位做过哪些让你引以为傲的业绩？""你觉得你在原单位算不算优秀员工？"等。通过求职者对这些问题的回答，经验丰富的面试官基本上可以判断求职者在原单位的业绩大体处于何种水平。

四是原单位同事与外部客户评价。

对求职者原单位同事与外部客户（供应商、渠道商、客户）进行调查，最重要的目的不是了解求职者的业绩水平，也不是调查职位信息的真实性，而是了解求职者的工作水平、工作习惯、工作态度。因为在许多时候，工作态度与工作风格甚至比工作能力更重要。

此类调查同样存在烦琐、周期长、成本高的弊端，如非必要，用人单位可不做此类调查。但在某些特殊条件下，用人单位也能以较低成本在较快的时间内完成，例如同行业企业通常会有相同或相近的外部客户，甚至有许多同行业企业的员工都相互认识，如果是这种情况，开展此类调查就会非常容易。

五是个人征信查询。

个人征信查询最初的作用是金融机构对借款人的信用进行调查，了解其是否有过失信、逾期不还贷款的情况，通常不会应用于求职者的背景调查。

对求职者的个人征信进行查询，主要是了解其信用情况、消费习惯、经济负担，是对个人进行背景调查的一个补充，但并非所有岗位都有必要进行征信查询。与犯罪记录调查相似，个人征信查询通常更适合风险密集的岗位尤其是涉及接触大额现金与有价证券的岗位。

需要注意的是，对于非金融机构而言，个人征信查询可以由当事人及 HR 部门人员一同，在用人单位附近的银行网点的征信查询设备上完成。此外，对于求职者而言，个人征信的查询频次也不应过于频繁（通常每月不超过一次），否则容易被各金融机构的风控系统误判为高负债、高风险人员，影响求职者日后的贷款申请。

——**多样化的面试题库**

在前文中曾经谈及任职资格的构成维度与构成要素，其旨在用更全面、具体、量化的方式来明确岗位的任职资格，以此提高简历质量进而提高人岗匹配度。同样，如果用人单位已经构建起了任职资格管理体系，则可以在任职资格的基础上开发不同维度、不同类型的面试题库。

考虑到任职资格管理体系是人力资源管理领域的高阶应用，对企业的基础管理与人力资源管理水平要求很高，所以实际上导入并用好了任职资格管理体系的企业屈指可数，包括许多大型企业和跨国公司也都未搭建任职资格管理体系。那么，对于绝大多数尚未建立起任职资格管理体系的中小企业，应该如何扩展多样化的面试题库呢？我的建议是抓重点并从简！

中小企业与小微企业的面试题库，抛开题型和题数、计分规则及权重设置不谈，从维度设计的角度，只要涵盖如下四个类别就足够了。条件允许的话，最好对这四类题目所涉及的技能/素质水平进行分级，以避免过于主观、评价标准不统一的弊端。

第一类是岗位专业技能类。

岗位专业技能是指与岗位对应的工作密切相关的、侧重于实操的技能。以财务人员为例，专业技能按照财务专业模块划分，有账务处理、报表编制、税收筹划、资金管理、财务分析、财务稽核、预算编制等技能。如表2-4所示。

需要注意的是，岗位专业技能不同于专业知识，更强调实操能力和动手能力，因此在测试时更适合以真实的工作所涉及的场景和工作材料作为载体，对求职者进行摸底测试，例如指定一个条件，给出若干原始凭证，让财务人员试着做一些报表。

第二类是岗位通用技能类。

岗位通用技能是指从事某一类型的工作或对某一序列岗位而言，需要具备的、具有通用性的技能。还是以财务人员为例，报表编制是所有财务人员都必备的通用技能，不同之处在于报表既包括资产负债表、现金流量表、损益表这三张最常用的财务报表，还包括预算表、所有者权益变动表、经营分析报表等。

岗位通用技能的测试方式与专业技能的测试方式相同。

第三类是行业与专业知识类。

在一个行业越久，对该行业的行业环境、运营模式、管理特点、

表 2-4 某高科技企业岗位专业技能分类分级表示例（节选）

技能类别	技能子类	技能名称	财务管理部-部门经理	外派财务经理	资金经理	资金主管	资金会计	出纳	会计核算部-部门经理	合并报表主管	总账主管	税务主管	会计	助理会计	预算分析部-部门经理	预算分析主管	预算分析专员
专业技能	财务管理类	账务处理能力	3	4	3	—	—	—	3	4	4	4	3	2	—	—	—
		报表编制能力	3	4	—	2	2	—	4	4	3	3	2	2	3	3	2
		税收筹划能力	—	3	—	—	—	—	4	—	—	3	—	—	—	—	—
		资金管理能力	4	4	4	3	3	2	—	—	—	—	—	—	—	—	—
		财务分析能力	—	4	3	2	—	—	3	3	3	3	2	2	3	3	2
		财务稽核能力	3	3	3	2	—	—	4	4	4	—	—	—	—	—	—
		预算编制统筹能力	—	3	—	—	—	—	—	—	—	—	—	—	4	3	2
通用技能	管理技能类	计划统筹能力	2	2	1	—	—	—	2	—	—	—	—	—	2	—	—
		团队与下属管理能力	2	1	—	—	—	—	2	—	—	—	—	—	2	—	—
	沟通与协作类	沟通协调能力	2	1	—	—	—	—	—	—	—	—	—	—	—	—	—
		语言文字表达能力	2	2	2	1	—	—	2	2	2	2	—	—	2	2	1

竞争格局等信息的了解就越深，入职之后进入状态的时间就越短，上手也就越快。因此，在求职者其他条件相同的情况下，用人单位都会倾向于招聘那些行业经验与知识更丰富的求职者。

并非所有行业都有显性的知识（如行业书籍、丛书），事实上，新行业的出现永远都快于行业知识和行业研究成果的出版发行速度。此外，有许多行业的相关知识很难从某一类专业的知识体系中找到，其跨界的特点要求企业需要从多个领域来完成知识的积累，而从出版发行的书籍中获取知识仅仅是其中的一种方式。换言之，行业知识还需要依靠企业自身的知识管理体系和企业长期的积累，并将这些知识进行编码（变成知识管理文件、教材）。

相比之下，专业知识源自岗位所在的职位序列，除当前热门的大数据、AI和数字化与数字化转型这些跨界知识外，大多数专业知识都可以从已发行的书籍与行业研究报告中找到，但还需要结合企业的实际情况进行个性化的整理。

对于行业与专业知识的测试，可以选取一些能体现岗位工作特点的重点内容，对其进行问题开发，确保题库与岗位的知识要求高度相关。

第四类是能力素质类。

能力素质模型是任职资格管理体系的一个构成部分，但企业可以单独开发能力素质模型，将其应用到招聘面试与岗位调整等相关应用当中。

需要注意的是，能力素质通常划分为核心素质（全员通用，源自公司价值观）与专业素质（源自职位序列的要求），企业在开发相关试题时应避免陷入泛道德化、普遍化的误区，只对公民个人道德（例如诚信、责任心、务实等）进行测试，而缺乏对岗位专业素质的测试（例如亲和力、系统思维、数据敏感度等），如表2-5所示。

表 2-5　某高科技企业财务部门专业素质分类分级表示例（节选）

<table>
<tr><th colspan="10">财务管理部</th></tr>
<tr><th>经理</th><th>素质定级</th><th>外派财务经理</th><th>素质定级</th><th>资金经理</th><th>素质定级</th><th>资金主管</th><th>素质定级</th><th>资金会计</th><th>素质定级</th><th>出纳</th><th>素质定级</th></tr>
<tr><td>数据敏感度</td><td>2</td><td>服务意识</td><td>3</td><td>创新思维</td><td>2</td><td>服务意识</td><td>2</td><td>服务意识</td><td>2</td><td>服务意识</td><td>2</td></tr>
<tr><td>服务意识</td><td>2</td><td>数据敏感度</td><td>2</td><td>数据敏感度</td><td>2</td><td>数据敏感度</td><td>2</td><td>数据敏感度</td><td>2</td><td>数据敏感度</td><td>2</td></tr>
<tr><td>规则意识</td><td>3</td><td>规则意识</td><td>3</td><td>规则意识</td><td>3</td><td>规则意识</td><td>3</td><td>规则意识</td><td>2</td><td>规则意识</td><td>2</td></tr>
<tr><td>风险意识</td><td>2</td><td>风险意识</td><td>2</td><td>风险意识</td><td>2</td><td>风险意识</td><td>2</td><td>风险意识</td><td>2</td><td>风险意识</td><td>2</td></tr>
</table>

网上有许多现成的、针对某个特质的心理测试题，其中有些可以直接应用，但大多数都需要企业自行开发。

总而言之，提高人才识别能力入门容易进阶难。这考验的不只是面试官的专业水平，更是对企业基础管理与人力资源管理水平的一次挑战；在人才识别这项重要而又长期的系统工程上，没有捷径可走，也没有免费午餐可吃。是否选择提高人才识别能力去破解招聘难题，还是要根据企业的实际情况来定夺。

4.4 提高人才吸引力

提高人才吸引力是通过多种举措，让企业的声誉、口碑、管理的规范性与薪酬福利的竞争性等能为外界所知，实质上是通过修炼内功让更多的人才趋之若鹜。

这个方法所涉及的内容已经超出了 HR 的工作范畴，但对 HR

以及人才招聘而言又不可或缺，这也再次强调了本书多次表达过的观点：人力资源不只是人力资源部的事情，更是公司所有领导的分内之事！

提高人才吸引力不能只从人力资源管理这个维度来介入，事实上影响人才吸引力的因素有很多，有软件、硬件的因素，也有组织和制度层面的因素，还有当下与未来这个时间维度的因素。要提高人才吸引力，HR 和老板们应该将视角扩大到四个维度的十三个关键要素，系统、全面地提高人才吸引力——当然，有条件就齐头并进，没有条件就先从容易的、能够做的开始做起，如表 2-6 所示。

表 2-6　人才吸引力的维度与要素释义表

影响人才吸引力的四个维度	影响人才吸引力的十三个关键要素
制度维度	基础管理的规范性
	薪酬福利的公平性与竞争性
	补充福利方案的多样性
	长期激励的有效性
	职位发展通道的多样性
	学习培训机会的系统性
组织维度	科学合理的定岗定责
	清晰的从属/汇报关系
	科学合理的权限
领导力维度	有人格魅力/良好的团队与下属管理能力的管理者
企业文化与环境维度	强有力的企业文化
	良好的企业口碑
	人性化的工作环境

表 2-6 罗列了影响人才吸引力的四个维度和十三个关键要素，有心的读者会发现，这张表所涵盖的内容非常广泛，如果要全面解决绝非朝夕之功。此外，这十三个关键要素全面展开的话，每一个都可以发展成为一个独立的篇章甚至是专题，但这显然超出了本文的范围。篇幅所限，我尽量用简洁的语言对四个维度与十三个关键要素的重点进行描述。

——制度维度

制度维度的内容并不局限于人力资源与组织管理领域，但如果只选择相关性高的因素的话，有六个因素是包括 HR 在内的所有管理者都需要考虑的：

第一是基础管理的规范性。

制度至少应该起到让所有员工知道什么事不能做的作用。只要坚持这一基本原则，绝大多数企业都可以比较容易地完成此项工作，但企业不应该编制制度大全。制度应当起到明确底线、明令禁止的作用，而不应逐一列举可以做什么、应当做什么。

对于员工而言，最好的制度就是简洁明了、抓住重点的制度，因为这至少能让员工知道企业的底线是什么。而底线之上，靠的是其他的文件或规范，如职位说明书、流程图、权限表等。

从员工的角度来看，衡量企业的基础管理是否规范的一个重要标准就是：对于涉及员工利益的事项，是否有明确的书面文字或规范。其中，最基础的就是劳动合同、社保与薪酬福利的发放。

第二是薪酬福利的公平性与竞争性。

公平性指的是内部公平性，竞争性指的是外部竞争性，两者都要抓，但如果只能兼顾一条的话，那么内部公平性应该是最不可或缺的。

即便是中小企业也会有不同数量的职位序列和不同工作内容的岗位，而不同的岗位即便是级别相同（如同为经理级），其薪酬水平也会存在差异，这是市场这只无形的手在发挥作用，但这会给部分不理解行情的员工以不公平感。因此，企业做薪酬方案设计时都会用到职位评估，其目的就是解决职位等级的确定与薪酬定位的内部公平性问题。至于薪酬福利的外部竞争性，有支付能力的企业应该尽量提高薪酬的外部竞争性，至少应该让核心岗位和重要岗位的外部竞争性更高，否则隐患太多也不利于企业转型升级。

相比由职位评估解决的薪酬定位来实现的内部相对公平，奖惩方案的设定更应注意公平性。因为员工一旦发现奖惩不公，从有怨气到消极工作再到跳槽的整个过程所需的时间，可能远远比企业想的要短得多——更严重的是，想留的人走了、想辞的人留了，这是最不应该出现的结果。

第三是补充福利方案的多样性。

五险一金作为法定福利，其更多的是承担兜底的功能，对人才的吸引、激励与保留的效果并不好。所以在法定福利之外，许多企业都开始在补充福利（也称为弹性福利）上做文章。而有很多补充福利其实并不需要投入多少钱，同样可以产生非常好的效果。总体上，补充福利有以下三大类别：

第一类是货币类补充福利。除交通、通信、膳食、高温补贴这些常规的货币类补充福利外，还有企业年金、补充医疗保险、补充养老保险，但从效果来看，货币类补充福利的人才吸引与激励效果一般，并且兑现周期较长，不太适用于面临当期人才缺口、希望尽快实现人才引进的企业。

第二类是生活服务类补充福利。提供免费或成本价的象征性收费的生活服务，例如衣物干洗、家庭保洁、买菜做饭、接送子女、照看幼儿、本人与直系亲属的车辆接送、协助直系亲属就医上学等，都属于生活服务的范畴，这些生活服务成本较低，有些甚至无须花钱，但对员工而言效果却非常好，尤其是对户籍不在当地的员工以及有子女的员工。

第三类是工作时间类补充福利。工作时间类的补充福利，包括错峰上下班、弹性工作时间、SOHO办公这三种基本模式。对企业而言，这几乎不需要投入成本，只需调整工作时间、工作任务的分配与评价机制即可实现，非常适合北上广深这类交通拥堵严重的城市，也适合那些处在孕期、孩子仍在襁褓期的员工。实际上，2019年的新冠疫情已经在加速SOHO办公、弹性工作时间的进程，当前采取此种方案的企业也越来越多。

第四是长期激励的有效性。

股票期权是个好东西，一旦上市，持股员工将可能一夜暴富。当然，首先企业得成功上市或者被VC或PE相中，无论是主板、创业板、新三板还是中小板。

除了上市，还可通过赠予或者内部认购的方式来让员工持有公司的股权/期权。但是，如果企业想通过这种方式来保留人才，还有大量的合规性和操作性的工作需要完成，如果缺乏相关的专业人员，也可借助外部力量来实现。

无论采取何种方式，顶层设计尤其是获取股权/期权的资格，以及获取之后的兑现、退出机制，都是企业设计长期激励方式必须慎重考虑的内容。

第五是职位发展通道的多样性。

有一个重要但又很容易被遗忘的事实需要强调：不是所有人都适合当领导！

升职是实现自我价值、发挥更广阔的职业空间的重要途径，但绝非唯一途径，问题在于许多企业并未提供更多的薪酬与职位发展通道，绝大多数职场人只能通过升职来实现加薪和获得更大的事业舞台，但企业里的管理岗位永远是稀缺的，永远无法满足所有员工的需要。所以，在管理通道之外，还可以有职能通道与技术通道，如图2-3所示。

图 2-3　职位通道的三种类型

管理通道
- 承担团队与组织管理职责的发展通道，机会相对较少，需要组织规模不断扩张以创造更多管理岗位才可实现发展

职能通道
- 承担职能骨干与职能专家职责的发展通道
- 机会相对较多（取决于职能的数量），例如薪酬福利/绩效管理/员工培训等

技术通道
- 承担技术骨干与技术专家职责的发展通道
- 机会相对较多，需技术资质提升除技术序列，同样适用于IT部门

此外，企业在设置职位发展通道时也要考虑职级对接，以及职位通道的起点问题，即不同序列的职位之间的等级换算问题。图2-4为我曾经历过的某卫星导航公司任职资格项目所设计的职位通道。

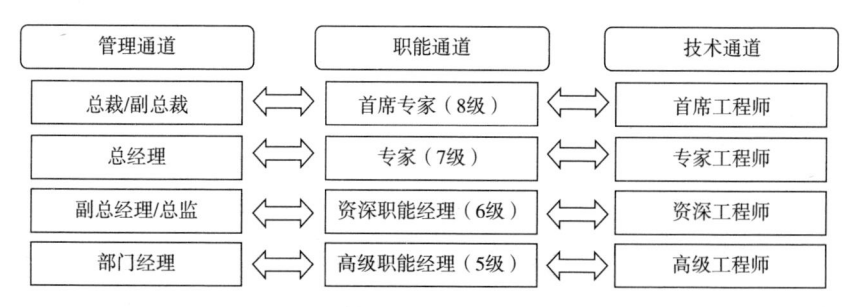

管理通道	职能通道	技术通道
总裁/副总裁	首席专家（8级）	首席工程师
总经理	专家（7级）	专家工程师
副总经理/总监	资深职能经理（6级）	资深工程师
部门经理	高级职能经理（5级）	高级工程师

图 2-4　某卫星导航公司职位发展通道

第六是学习培训机会的系统性。

很多年前有句很励志的金句叫"管理是严肃的爱，培训是最大的福利"，这句话放到当下仍具有极高的现实意义。与薪酬、奖金和福利相比，企业提供的培训虽然在员工入职后的短期内无法折现，却可以让员工的知识技能和素养不断提升，从而提高员工的职业含金量，更重要的是能让员工掌握挣钱的能力，起到"授人以渔"的效用，让员工长期受益。所以从这个角度来看，培训机会的确是员工最大的福利。

——组织维度

尽管未入职的人通常很难了解新单位的岗位设置与汇报关系，以及某个岗位的权限，但是对于有心人和重要岗位的求职者，例如部门经理级以上的中高层管理者，完全可以通过面试过程来了解用人单位在组织管理方面的水平，而这些恰恰是有心人和重要岗位特别关注的地方。因此，无论是从招聘人才的角度还是从科学的组织管理角度，企业都应该予以重视并尽快解决组织维度最核心的三个层面的问题。

首先是科学合理的定岗定责。本文并非讨论如何更加科学合理地实现定岗定责，所以此处不做展开讨论，只是强调一点——在招聘之前就应当完成所招聘岗位应承担的职责、任职要求和编制确定工作。

互联网、电子商务给企业尤其是传统企业带来全新机遇的同时，也带来了全新的挑战，例如许多新职位的出现以及传统职位要担负起新的职责。对于招聘而言，应当先完成定岗定责，再开展招聘工作，这个顺序不可颠倒。

其次是清晰的从属/汇报关系。如果招聘的是管理岗位，就必然会涉及从属/汇报关系。对求职者而言，了解谁是上司谁是下属、应聘岗位的管理幅度与上司的风格，对于入职后能否顺利推进工作具有重要的现实意义。

再次是科学合理的权限。工作中出现的推诿扯皮、职责不清的问题，最主要的原因有三个：一为职责不明确导致的工作交叉重叠；二为任职者不具备其所在岗位要求的任职资格；三为缺乏对工作内容/任务处置权限的界定和详细说明。其中，尤其是跨部门或全新的工作任务，最容易出现缺乏权限或权限不清的问题。对于员工尤其是新招聘入职的员工，如果缺乏对岗位的科学合理的权限/赋权，最直接的后果就是效率低下或越界操作，不仅影响工作，也会影响新入职员工的稳定性和积极性。因此，企业应当尽快给部门经理及以上级别的管理者明确权限。

——领导力维度

领导力维度的因素只有一条：有人格魅力或良好的团队管理与下属管理水平的管理者。由于未做过统计，无从判断因领导或直接上级的原因而主动离职的人数占主动离职总人数的比例，但根据我的经验，这一比例约为50%。

领导者的个人魅力基本是先天注定的，后天的修炼通常只能提高其管理水平。如果领导者的魅力或领导力先天不高，那就只能在管理能力上做文章。其中，最常见也是最重要的通用管理能力有三项：计划统筹能力、任务分配能力与沟通协调能力。

——企业文化与环境维度

企业文化与环境维度包括三个方面的内涵：强有力的企业文化、良好的企业口碑与人性化的工作环境。

第一是强有力的企业文化。

企业文化并无绝对意义上的好坏之分，只有强不强、认不认的区别——强不强的标志其实就是企业文化与员工行为是否两张皮，老板和高管是否严格按企业文化行事。而认不认的标准则是员工是否从心眼里认同、是否从员工当中来而非长官意志。

只要不是两张皮，只要老板和高管严格按照企业文化行事，只要企业文化是从员工当中来到员工当中去，那就是强有力的企业文化！

第二是良好的企业口碑。

良好的企业口碑包括两方面内涵，一是企业生产的产品与服务的质量；二是作为企业公民的社会责任履行情况，以及在求职者和员工心目中的印象（亦可称为雇主品牌）。前者不是本书讨论的范围，也不受HR部门的控制，而后者则直接受老板和HR的主导和影响，所以后者才是老板和HR需要特别注意的地方。

作为企业公民的社会责任履行情况与雇主品牌，说到底其实就是作为雇主应当承担的、最基本的三点：按法律法规要求签订劳动合同、上社保；按时按约发放工资、奖金，不随意克扣；宽厚待人、不冷血。

第三是人性化的工作环境。

人性化的工作环境不意味着豪华的装修与各种高科技办公设备，更不是各种硬件的堆砌。我的理解是工作场所采光通风良好、色调温和、干净整洁、具有不逼仄的空间、符合人体工学的桌椅以及能让员工小憩放松的设施。

人性化的工作环境并不需要投入太多，但需要精心设计和营造。在人性化的工作环境方面，许多互联网公司的做法值得学习，其中的典范有 Google 和京东。

4.5 提高人才稳定性

提高人才稳定性侧重于节流，旨在通过减少甚至消除人才的不合理流失，让人才能够稳定地工作，从而降低流失率来减轻招聘压力。

功夫在诗外，尤其是管理对象是人的这门管理学科，有很多经验和方法都可以跳出管理学的范畴来看，比如，用常识或生活经验。因此，关于提高人才稳定性的方法，其实也可以从爱情、婚姻等人际关系中获得一些启示，因为人才稳定性与爱情、婚姻的稳定性在相当程度上是具有共性的，可以借鉴也可以参考。

——提高人才稳定性的本质

提高人才稳定性不是让人才停止流动。让人才认同企业、爱上企业，不愿意走、愿意为企业奋斗，才是提高人才稳定性的本质！

——提高人才稳定性的五个方面

在上文中谈论了影响人才吸引力的制度维度、组织维度、领导力维度、企业文化与环境维度的几个因素。事实上，这四个维度的十三个因素，不仅直接影响人才吸引力，也影响人才的稳定性。因前文已有详述，此处不再赘言，只从侧重点上阐述影响人才稳定性的五个方面。

第一是薪酬。

与幸福的婚姻关系一样，钱不是万能的，但是较高的薪酬不仅可以让人才在企业的服务时间更长，也能够提高人才的跳槽风险与机会成本，尽管薪酬水平的提高会逐渐呈现出边际效用递减的趋势，但薪酬基本上是决定人才稳定性的最重要的因素之一（其他两个因素是职位和成长，详见下文）。

每个企业对人才的定义都会有所区别，同样，不同的人才关注的重点也会有所不同——有的比较在意薪酬，有的比较在意职位，有的比较在意成长，有的比较在意工作环境。当然，从企业的角度，应该把各方面做得均衡一些、突出一些，而不只在单方面上做努力。因此，从这一角度来看，薪酬固然是影响人才稳定性最重要的因素之一但绝不是唯一，更不是解决人才问题的唯一方法。

如果企业确定的薪酬水平处于行业中上水平（通常不低于P75分位，怎么比对就看薪酬报告），那么一旦面临人才流失尤其是主动辞职的情况，通常我建议首先要考虑其他原因，而不是一味加薪，只靠加薪来获得人才稳定性的做法，既不能彻底解决问题也不是最经济的方法。

第二是职位的发展。

在此只谈职位因素，也就是职位的稳定和成熟（非人员）情况对人才的影响。通常有两大原因会对职位因素构成影响：一个是前文已经提及的科学合理的定岗定责，另一个是更深层次的组织变革。第一个因素本文不展开讨论，只谈第二个。

我们所处的VUCA时代（变幻莫测的时代）唯一不变的就是变化，许多行业尤其是传统行业都在积极地互联网化，传统的组织形式、组织架构、岗位都将面临调整甚至是再造，这也会导致企业许多岗位的职责、任职要求、工作界面、工作流程、汇报关系出现变化。人的思维和行为方式一旦固定下来通常就很难改变，很少有人会积极主动地求变，这是人性所致而并非懒惰作祟，所以，因行业外部环境的变化导致企业运营模式的变化，进而导致组织与职位发生的变化对员工的影响，也是企业需要提前做好准备的一项任务。当然，这种变化是积极的也是必要的。

总而言之，清晰明确的岗位职责、合理的权限设置，以及清晰的从属/汇报关系，是影响人才在职位上发挥的重要因素，也是做组织管理与人才管理的必修课。

第三是个人的成长需求。

依照马斯洛的需求层次理论，人在实现了生理需求、安全需求、情感与归属的需求、被尊重的需求之后，就开始向自我实现的需求努力，也就是开始追求成长与自我实现。

对应到现实中，当人才不再为了收入发愁之后，通常会开始关注自我成长的问题，例如希望承担更重要的职责、希望主导一个领域、希望挑战某些重任，甚至是辞职创业等。如果在这个时候企业仍然仅对其采取加薪方式的话，效用会很不明显甚至无效，因其在此时关注的可能已经不是薪酬，而是成长和自我实现。所以，企业要给予此类人员其真正想要的东西。

除更加系统、更有针对性的学习培训，以及基于既有的组织内的职位发展通道外，有很多企业开始尝试一种新型的解决方案：提供内部创业、成为合伙人的机会，甚至是通过组建投资控股公司的方式，让人才尤其是核心人才成为公司的战略合作伙伴。

但是并非所有人都适合创业，哪怕是内部创业；不是所有人才都能够挽留，哪怕是核心人才；不是所有的企业都适合照搬合伙人制。总会有很多东西企业给不了，总会有很多人才挽留不住。

铁打的营盘流水的兵，没有人才流动的企业与人才流动性过高的企业都很危险。作为企业，只需要确保有让员工成长为人才的机制就足够了，而非想方设法圈住人才。

第四是情义既有强制性的一面也有柔性的一面。

这里所说的情义，既有企业社会责任的意思，也有以人为本和人情味的意味。

雇佣关系其实并不复杂，也并不总是有那么多不可调和的矛盾的。作为雇主，首先要有法律精神与契约精神，其次要在法律的基础上适当地跟雇员打打感情牌和人情牌。

例如，签订劳动合同、依法缴纳社保是雇主的基本责任与义务，按时发放工资也是最低要求，如果连这一点都做不到，企业就不能理直气壮地要求员工做得更多、做得更好。

柔性的一面则内涵更加丰富，例如适度弹性的工作时间、遇节假日提前发工资、提供定期体检等。这些内容有些属于弹性福利的范畴，有些属于人文关怀的范畴，并不会增加什么成本，但给员工的感觉却很好。

第五是愉悦的工作氛围。

相较于传统、隐忍的"70后"和"80初"员工，工作氛围只要不是太压抑，看在钱的面子上，其他都可以忍。但对于个性得到了全面释放、经济压力没有"70后""80后"那么大的"90后""95后"和"00后"而言，如果一个企业的工作环境不愉悦，那么很可能就不会选择在这家企业停留了。"裸辞"与"闪辞"出现在"95后"和"00后"身上的概率明显高于"70后"和"80后"，这也侧面印证了这种趋势。

让工作氛围更加愉悦的方法有很多，而且绝大多数零成本。例如，开放、平等、民主的工作氛围，强调参与、强调乐趣，能够愉快地玩耍，是"90后""95后"和"00后"最在意的非物质因素。

4.6 提高人才供应能力

提高人才供应能力与前述五点都不同，发力点侧重于人才的内部开发和培养，旨在通过建立和打通内循环来实现人才的自给自足，减少甚至消除外部依赖。

提高人才供应能力的实质是通过建立企业的内部循环来实现人才

的自给自足，从而减少外部依赖，是消除人才外部依赖的重要举措。相较于上述五种途径，此种策略才是最彻底、自主性最高的解决方案，也是绝大多数五百强企业最常用的做法。

此种策略可以细化分解为七种方法，其中，前三种侧重于通过优化内部挖掘和培养人才来提高企业的人才供应能力，后四种侧重于通过多种手段来减少人才的外部需求和依赖。这七种方法的侧重点不同，操作难度与周期也各不相同，企业可根据实际情况来确定采取哪种方法。

——第一种是推行老人带新人的学徒制/导师制

中国的传统说法叫作学徒制，西方的说法叫作导师制，就是员工入职后公司给他/她指派一个导师（Mentor）来带领和指导新人开展工作，使其迅速进入最佳工作状态。在日本和欧洲的企业，有许多优秀的企业将导师制/学徒制发挥得淋漓尽致，其中的典范包括日本的丰田、本田，德国的大众、奔驰、宝马等。这种人才培养方法能够用最低的代价实现知识、经验与诀窍的亲身传递，让员工快速成长，也是一种行之有效的人才培养方式，并且能给资深员工或年龄大的老员工发挥余热的机会，延长其职业生命周期。

如果企业有肯定和激励伯乐的机制，例如多重职位发展通道、物质奖励或职位/名誉奖励，相信会有很多资深的骨干愿意带新人，把自己在多年工作中所沉淀的知识、经验和诀窍传授给新人。

例如，企业可设置导师奖并设置新职位（名誉职位，不承担管理职责），从荣誉上、物质上给予担当导师的老员工以肯定。必要时，还可以将新人的成长和成绩与老员工挂钩，建立起命运共同体，让老员工愿意倾囊相授以帮助新人成长。

需要注意的是，学徒制/导师制不能强行安排，否则只会适得其反；同时，学徒制/导师制赖以生存的土壤也得具备，如长期劳动合同、相对不那么苛刻的绩效考核、分享的企业文化等，否则强行推行很难取得预期效果。

——第二种是汇总整理核心岗位涉及的知识

除某些特殊的技能或诀窍难以编码和复制、只存在于员工的脑海里而难以搬到纸面上外，绝大多数知识或技能都可以将其书面化、正式化。例如，生产制造领域中的工艺、工序，可通过录制视频、编写材料的方式形成知识素材并转化为培训教材，或者成为新员工的岗位应知应会。

此项工作很难期望岗位自觉自愿地完成，但可由 HR 牵头或组建课题组的方式来整理，并且可先从核心岗位或关键岗位开始，在整理完核心岗位或关键岗位的知识诀窍之后，再择机扩大到全序列和全岗位。

职位说明书只能告知在岗者应该做什么，而流程图则告知用何种顺序和步骤去做，权限表则说明了岗位对某些事务的处置权限。所以，核心岗位与关键岗位涉及的知识诀窍，不适宜通过上述几种文本的方式来表达，而需要通过 FAQ（Frequently Asked Questions，常见问题解答）的方式来说明。

——第三种是建立健全公司层面的培训体系

这是最复杂也是最系统、最全面的解决途径。可以从岗位的任职资格搭建工作开始，而组建企业大学／商学院则可以从组织与制度上确保该项工作能够持续地常态化进行，并获得最大化的效果。

详细内容请参阅本书第 5 章。

——第四种是重新定岗定责，将现有岗位的职责范围扩大

这是减少人才外部需求的四种方法中最容易实施也是见效最快的方法。其原理是将某个有人员缺口的岗位的全部或部分职责分解，分拆到其他强相关的岗位上，由其他相关岗位的人员来承担，以此弱化或者消除对该岗位的需求。

例如，在许多高财务杠杆率的企业（如房地产开发），通常都会设立有融资岗位，如融资主管、融资经理或融资总监等。如果融资岗位的招聘难度较大，企业可以将该岗位的职责分解成"融资渠道开

发""融资机构谈判""融资手续办理""融资成本对比分析"等动作，并将这四个关键动作分配到工作相关度最高的岗位上，例如资金会计（融资渠道开发、融资手续办理）和财务经理（融资机构谈判、融资成本对比分析），相当于把资金会计与财务经理岗位的职责范围扩大。

类似的例子还有很多，尽管这种办法并不是最佳办法，因为可能会导致其他强相关岗位的工作量增大甚至需要增加编制，但如果从解决招人难这个问题出发，此法还是可行的。操作的时候务必注意三个原则：一是只选强相关的工作岗位来分担；二是注意平衡工作量并控制编制；三是如果企业增加的职能或功能是原岗位并不掌握或偏弱的，还是需要外部招聘。

——第五种是优化业务流程，控制岗位编制

业务流程的优化有着效率导向、成本导向和控制导向这三种基本的导向，而如果是为了控制岗位编制和岗位人员需求，则可以使用ECRS法和ESIA法，如表2-7所示ECRS法。

表2-7 流程优化ECRS法释义表

Eliminate（清除）	Combine（合并）	Rearrange（重排）	Simplify（简化）
多余的产出	相同或相近的动作或工序	不合理的工作安排	表单等文本
等待时间	过于分散的职能	不合理的工作流向	工作程序
不必要的运输			沟通交流
反复加工			人机界面
过量库存			不重要、低风险的业务活动或程序
缺陷与失误			
重复活动			
跨部门协调			

ESIA法，即Eliminate（清除）、Simplify（简化）、Integrate（整合）、Automate（自动化），其原理和范围与ECRS相似，其中Automate在下文中叙述。

多数企业在不同部门里都存在着不同程度的分工不合理或冗员的情况，所以，即便不从解决招聘难、招聘贵、留人难的目的考虑，仅从减员增效、提质增效的目标来考量，也应该及早完成这项工作。

——第六种是提高信息化，提高自动化程度

信息化在中国已经有了二十多年，基本上稍具规模的企业都有了ERP以及各种企业级应用，此外还有技术日趋成熟的云计算与大数据，这些都可以在相当程度上减少人工、提高自动化程度。比如，制造业可以导入工业机器人，让过去需要几百人才能管好的车间如今只需一人即可；还有，ERP以及EHR等应用，可以将部分原本需要人工完成的工作交给系统来完成等，这些手段方法都是提高自动化、减少人工和人手的成熟做法。那些非价值增值、可以通过信息系统进行处理的录入、分析、统计等无须做出复杂判断的基础性工作，都是最容易自动化的工作。

前些年东莞已经出现了无人工厂，将原本需要650人来完成的工作降低到只需60人，据说未来还可以将人员减少到20人以内。更典型的案例是网商银行，截至目前，网商银行的300多个员工里技术人员占一半，开业一年来，贷款资金余额有230亿元，传统商业银行的风控和信贷人员已经被计算机和系统取代。

——第七种是聚焦核心能力，外包非核心或不擅长的职能

每个企业都应该不断地问自己，企业的核心能力是什么？答案会有很多种，回答也会各不相同。

答案是什么不重要，重要的是企业不可能什么事情都能面面俱到，更不可能什么事情都做到数一数二，这既不现实，也没有必要。对于非核心或不擅长职能则可以外包，集中资源、聚焦力量做最重要

也是最有价值的事务。

视觉设计、网站运维、IT运维、办公用品采购、招聘流程、营销推广、生产制造等，都已有大量的社会机构可以作为外包商。当然，企业首先得界定清楚哪些职能是核心职能、哪些职能可以外包。除了性价比，还需要考虑是否设立对应岗位来与外包机构对接。但如果是核心的、无法外包的职能存在岗位缺口，就不能外包，只能通过其他途径来解决。

4.7 转型升级

转型升级既是企业未来的基本战略路径，又是缓解人才结构性短缺的重要举措，相当于让企业开辟了第二战场，让企业掌握主动权。

转型升级既是企业实现可持续发展的重要手段，又是解决部分岗位招聘难、招聘贵、留人难的最后一种途径。需要强调的是，企业在实施转型升级过程中，那些替代性强、技术含量低的岗位受到的冲击最大，而创新型、技术型和高价值的岗位不仅不会受到冲击，还会大量增长并获得更高的薪酬。换言之，尽管转型升级能解决部分岗位的招聘问题，但也会加剧另外一部分岗位的招聘压力与招聘难度。总体上利大于弊，而且所有企业都必须完成这一重任。

企业的转型升级主要有以下四种基本途径：

——转变观念、主动求变，做好打持久战的准备

西方有句谚语叫作"你不能唤醒装睡的人"，同理，我们也不可能指望依靠低价、低质、低成本的老观念来赢得未来竞争的企业实现转型升级、提高核心竞争力。

做研发是一项艰苦的长期工程，几乎不可能在短期内产生收益。华为每年对研发的投入占据营业收入10%以上的情况也不适合所有的中国企业学习。所以，学华为不应是生搬硬套，而是抽象学习——先革自己的命、破除急功近利、短平快的思维，做好跑马拉松、打持久战的准备。没有观念的转变，再好的战略和策略都不可能调整，更不可能成功实施。

——调整战略、加强研发，提高产品附加值

有许多企业习惯于把财务目标当作公司战略，其实财务目标与公司战略是两个概念。更重要的是，这些企业并不清楚如何才能赚更长久的钱，已经陷入了低成本竞争的路径依赖。从严格意义上讲，许多中小企业并没有明确的战略，他们更多的是采取了一种简单直接的、低价格、代工的盈利模式，拼的是价格、靠的是低成本、挣的是"易钱""傻钱""体力钱"。这种挣钱方式只能依靠低成本来维持，而一旦人口红利不再、劳动力成本上升，企业难以招架、没有应对措施：通常只能向劳动力成本更低的国家和地区转移，例如越南、马来西亚等国家。而新冠疫情，让外贸和出口导向型企业遭受重创，也再一次验证了这种发展方式的弊端。

尽管中国经济仍然面临诸多问题和挑战，但实质上消费者的购买力一直在提高，他们早已不甘心购买低价、低质、低品位的商品，他们渴望获得更精致、更时尚、更先进的产品。如果"中国制造"不能满足他们的需求，他们就转向"日本制造""德国制造"或"法国制造"。所以，未来中国企业应该研发和生产更好看、更好用、更精致、更先进的产品。拼的是产品颜值、性能、可靠性，靠的是品质、创新、技术、时尚，当然也有高附加值的产品或服务。

但是，调整战略并取得成效至少也得两三年才会初见成效，而加强研发尤其是加强应用层面的研发，例如工艺与可靠性、外观设计（工业美学）、人机界面（UI）的周期却相对较短。所以，企业不必担心时不我待，只要转变观念、不急功近利，哪怕从现在开始调整战略、加强研发，也可以在较短时间内通过提高产品附加值的方式来提高企业的利润率。至少，真正领会了工匠精神的真谛并一以贯之地落实，能够极大地缓解劳动力成本上升所带来的压力，也能在相当程度上缓解招聘难、招聘贵、留人难的问题。

——完善组织、弥补职能，构建强大的组织保障

有相当多的中小企业都是直线型组织，尤其是那些代工型、加工型、外贸型企业。虽然有的规模较大，有着上千的员工人数及数亿元乃至数十亿的年销售收入，但由于很多关键职能的缺失（如研发、工艺、质控、营销），它们实际上就是一个大号的生产厂甚至是生产车间。

企业转型升级最关键的落脚点是完善组织职能，培育和强化企业组织的"大脑"、长出以往缺失的"肢体与器官"，而不是依靠一个类似大车间或大工厂那样的组织来实现转型升级。

重要职能的缺失，是导致诸多中小企业成为代工型企业的重要原因，而这种盈利模式恰恰处在产业链的最底端，极易受外界环境变化的影响，并且利润率和抗风险能力过低。

说到完善组织和弥补职能，通常的顺序是先完善顶层设计、完善治理机构，再完善经营层面的组织职能。绝大多数中小企业都是民营企业，而且绝大多数民营企业都不存在产权不清晰的情况。因此，如果不是大型企业集团或股权分散、所有制结构多元化的企业，治理结构的问题就显得既不重要也不着急了——最重要和最着急的是完善缺失的组织和职能，如前所述的应用研发、工艺、质控以及完善组织体系、强化基础管理等。

——培育能力，重点提升核心竞争力

没有高精尖研发能力、没有精密制造能力、没有一流营销能力的中小企业能活到现在并完成原始积累，靠的就是低成本战略或者说是还算合格的成本控制能力，但这种能力如今已经不完全算得上是一种优势。

必须承认，在消费者购买力持续提高的同时，他们也变得更加挑剔，以前的产品只需要在"更先进、更便宜、更耐用"三者当中做到

任意一点，就不愁卖不出去；但是现在，企业还需要做得更多、做得更好，让产品同时做到更好看、更先进、更可靠、更便宜，虽然这很难，但是只有这样做，才有高利润、才能可持续发展。

为什么 iPhone 手机普遍比国产手机贵？为什么苹果公司的运营利润率能超过 40%？一流的硬件质量、一流的软件质量、一流的工业设计能力、一流的 App Store 生态圈，还有富士康一流的产品实现能力，是苹果公司成功的关键。

这个章节篇幅较大且涉及战略管理、组织管理、人力资源、流程管理等领域，并非跑题。而是因为如前所述，在导致企业招聘难、招聘贵与留人难的诸多原因里，多数已经超出了招聘甚至人力资源管理的范畴，所以要解决招聘层面的问题绝不只能站在招聘工作的立场去看待，还应站在人力资源管理甚至是战略管理、发展定位的层面去审视，才能拨云见日、找出对策。

上述七种标本兼治的方法有些上手快，有些很复杂、很困难，但还是建议企业通盘思考，有条件的尽快解决，没有条件的就创造条件去解决。因为即便不是面临招聘问题，也会面临转型升级与可持续发展的问题，这些问题在上文中或多或少地都给出了一些解决思路和操作建议。

5. 招聘风险与基本对策

雇佣风险从企业招聘工作开始的那一刻就已经存在，并且伴随员工从入职到离职/退休的整个生命周期。将风险完全控制住并不现实，但风险管理意识和基本的风险管理举措还是应当掌握的，其中，最重要的基本原则是将风险管理前置，将其在招聘阶段做最大化的管控。

企业面临的招聘风险从类型上可以划分为四大类，其表现形式和基本的风控方法如下。

5.1 法律风险与基本风控方法

法律风险是企业在招聘之初就需要面对并控制的风险。其中，法律风险包括三个主要的风险点，分别是合法合规、重要事项遗漏和争议举证责任。

第一个风险点是合法合规，很容易理解，包括雇主依法与雇员签订劳动合同，劳动合同符合法律法规要求两个方面。简单的理解就是：只要劳动关系存续，企业就必须与员工签订劳动合同，并且依法缴纳社保，否则即是违法。如果员工自愿放弃劳动合同法赋予员工的权益，哪怕与企业签订了劳动合同，这个合同本身也是违法的，不受法律保护的；或者，如果企业的某些行为或要求违反劳动合同法，哪怕员工接受这种非法要求并与企业签订了劳动合同，这个合同也是非法的且不受法律保护的。

所以，有些企业会设置法务合规部，它不仅承担与客户、供应商的非诉讼业务或知识产权管理工作，还承担合同评审的责任，旨在帮助企业消除或规避法律风险。那些没有法务部门或岗位的中小企业，可以委托相关律师去帮其起草和评审劳动合同，规避法律风险。

第二个风险点是重要事项遗漏。这个风险点是指对于在劳动合同中未曾明确但如果发生，劳资双方容易出现争议的内容，主要有薪酬调整和岗位调整这两个常见的争议点。要想规避，通常的做法是将薪酬福利条件和聘用岗位关联，并且明确薪酬福利与岗位调整的触发条件。例如，由于员工业绩表现不佳或无法通过考核被降职降薪，或违反公司规章制度被处罚等。

第三个风险点是争议举证责任。通常情况下，"谁主张、谁举证"是劳动争议仲裁的一般举证规则。根据《劳动争议调解仲裁法》第六条的规定："发生劳动争议，当事人对自己提出的主张，有责任提供证据。与争议事项有关的证据属于用人单位掌握管理的，用人单位应当提供；用人单位不提供的，应当承担不利后果。"但在特定情形下需适用举证倒置的原则，《最高人民法院关于民事诉讼证据的若干规定》规定："在劳动争议纠纷案件中，因用人单位做出开除、除名、辞退、解除劳动合同、减少劳动报酬、计算劳动者工作年限等决定而发生劳动争议的，由用人单位负举证责任。"这也就意味着，如果雇主要开除、辞退、解聘员工或对雇员进行降薪，则需要承担采集并提供证据的责任。

举证责任由雇主承担，但雇主的合法权益又该如何保护？从最佳实践看，导入全员绩效管理体系，签订绩效合同并且建立全员的绩效档案，不仅可以更好地对人才进行动态管理，而且能够推动和激励员工实现公司战略与既定目标，还能起到保存证据的作用，一旦发生劳动争议，这些证据将会派上大用场。

5.2 道德风险与基本风控方法

企业所面临的员工道德风险之范围和发生概率，要比因企业对不懂法、不守法所产生的风险和损失大得多。道德风险主要表现在以下几个方面：虚构个人信息，例如学历与职业资格造假或过往工作履历造假/注水，或者过往工作业绩造假。犯罪记录查询与个人征信查询，仅是对求职者背景调查中的部分内容，并且有着严格的限制条件，除敏感岗位（如经常接触大额现金或有价证券、票据等）或涉密岗位外，这两者不宜作为衡量求职者道德风险的依据。

对于学历与职业资格、过往工作履历和过往工作业绩，有许多简单易行的方法进行核查（在本书第 2 章"提高人才识别能力"部分已有详细阐述，此处不再赘述），企业可根据招聘岗位的等级高低与重要性，选择性地对部分或全部内容进行核查。

5.3 操作风险与基本风控方法

一般而言,操作风险在入职之后的实际工作中才会显现,主要表现为员工明显无法胜任岗位要求、存在较大的人岗不匹配的情况。

操作风险大部分都可以前置,即在面试时通过结构化面试,根据所招聘岗位的任职资格进行相关的口试、笔试与实操测试,以此评估求职者能否胜任、是否存在操作风险。因此,规避和控制操作风险的前提工作就是完善岗位尤其是重要岗位的任职资格,并建立健全面试题库,配备合格的面试官或面试团成员。

由于中小企业的人力资源部门无论是在编制上还是在专业技能上,都普遍比大型企业或成熟企业弱,因此上述方法虽然更科学、更规范,但操作难度也较大,通常不太适合中小企业。因此,中小企业可采取其他简单易行的方法,其效果接近上述方法,即情境面试法或模拟实操法。

针对招聘的岗位,设定一个特定的工作场景,并设计若干在该场景中经常出现的问题点,让求职者回答应该如何理解、如何操作。简单概括就是:假如你入职了,面临××工作任务,要求你在××时间内按照××要求去完成,你将如何开展工作?如果是需要设备操作的岗位,例如,程序员、VI 设计、文案,那么可以让程序员试写一小段代码,让 VI 在 2 小时内根据一个主题设计一个海报,给文案一个主题让其在 2 小时内做一个文案,这些都是情境面试法或模拟实操法的最佳实践。其原理类似从相马变成赛马,通过假设一个工作场景、虚构一个任务,让求职者尽可能地贴近真实的工作场景去开展工作,通过这个模拟的工作过程和工作输出成果,去验证求职者的真实操作水平。

这种操作方法对 HR 的专业要求不高,但对用人部门的负责人或面试官的工作经验有一定要求,并且要对所招聘岗位的工作内容和职责非常熟悉。因为只有经验丰富的管理者或骨干，才会熟悉所招聘岗位在实际工作中可能遇到的大多数场景与常见问题。因此，条件不足的中小企业，可采取此种方法去最大限度地规避操作风险。

5.4 健康风险与基本风控方法

关注健康风险不意味着就业歧视，而是某些特殊工作环境的岗位，对于疾病或成瘾性依赖有着严格的限制。例如，易燃易爆危险品的仓储和运输相关岗位就需要慎用重度烟瘾者；大客车司机需要特别关注是否有心脑血管疾病或高血压，当然最好也不要酒精成瘾。

除此之外，企业还可将定期、专项体检常态化，并定期评估员工的身体健康状况，避免意外的发生。有条件的话，可在医保的基础上增加补充医疗保险或雇主责任险，这些都是规避和转嫁健康风险的常用方法。

第3章

薪酬福利管理

> **本章导读：**
>
> 薪酬不只是现金，也并非只有股权、期权。在现金、股权和期权之外，还有许多内涵值得关注和应用；福利不只是法定福利也不只是补充福利，在一切需用钱可以衡量的福利之外，还有许多不太花钱甚至不需要钱的东西也是福利，而这些东西很可能是某个阶段或某些员工比较在意的。
>
> 虽然是给钱、是支出，但给多少、给谁多给谁少、怎么给、用什么条件给、哪些钱对应什么、有什么效果，却是一个复杂的话题。

1. 战略性薪酬福利的基本内涵和效用分析

战略性薪酬福利不只是通常意义上的工资、奖金、社保等货币意义上的内容，还有股权、期权、员工学习与发展以及工作环境、氛围等非货币或长期激励意义上的内涵。因为对于员工激励或价值分配而言，货币型与非货币型、短期性和长期性的投入，都能对吸引人才、保留人才和激励人才产生直接作用，因此需要将其进行统筹管理，视为战略性薪酬福利管理工作来进行科学的规划、设计与实施。

战略性薪酬福利的四大维度与内涵，如图3-1所示。

对于货币型的薪酬福利，尽管都是钱，但其结构项不同，各自的数额、标准和依据也不尽相同，并且不同结构项有着不同的效用。这些不同的结构项的设计思路与效用，如表3-1所示。

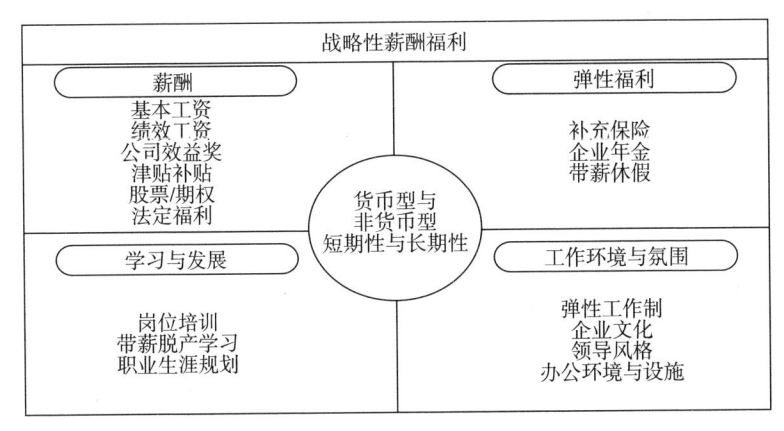

```
┌─────────────────────────────────────────────────────────┐
│                    战略性薪酬福利                          │
│   ╭──薪酬──╮                         ╭─弹性福利─╮         │
│    基本工资                            补充保险           │
│    绩效工资                            企业年金           │
│    公司效益奖         ╭─────╮          带薪休假           │
│    津贴补贴          货币型与                             │
│    股票/期权        非货币型                              │
│    法定福利        短期性与长期性                          │
│   ╭学习与发展╮        ╰─────╯         ╭工作环境与氛围╮    │
│                                        弹性工作制         │
│    岗位培训                            企业文化           │
│    带薪脱产学习                        领导风格           │
│    职业生涯规划                        办公环境与设施      │
└─────────────────────────────────────────────────────────┘
```

图 3-1　战略性薪酬福利的四大维度与内涵

表 3-1　不同薪酬福利结构项的设计思路与效用对比表

薪酬福利维度	薪酬福利结构项	主要作用	发放依据
薪酬	基本工资	侧重当期吸引	根据岗位的相对价值或重要性，以及职级高低来确定发放数额
	绩效工资/奖金	侧重当期激励	通常与基本工资合为一体并分割出一部分作为变动收入，与岗位绩效水平挂钩
	公司效益奖	侧重当期保留	顾名思义，与公司经营效益强相关、与岗位绩效水平弱相关，但也可将岗位绩效水平换算成公司效益奖的发放系数；体现了公司的风险共担、利益共享分配哲学，但指向性不足
	津贴补贴	侧重当期保健	针对部分特殊的工作环境和工作性质所设置的补偿性收入，如高温津贴、夜班津贴、交通/通信补贴等；通常采取定额方式并只设 2～3 档以覆盖基层、中层和高层
	股票/期权	侧重长期吸引、保留和激励	公司上市或达到行权条件；通常只针对创始团队或核心骨干
	法定福利	侧重当期保健	非当期发放，提取须满足条件（如购房、租房或退休），是企业的法定义务

续表

薪酬福利维度	薪酬福利结构项	主要作用	发放依据
弹性福利	补充保险	侧重保健	非当期发放亦非法定义务，可针对全员或骨干员工
弹性福利	企业年金	侧重保健	非当期发放亦非法定义务，可针对全员或骨干员工
弹性福利	带薪休假	侧重吸引和保留	非发放形式亦非法定义务，通常针对全员，体现企业的人文关怀

表3-1所述的结构项给企业提供了多样化的薪酬福利设计思路，企业可结合自身实际情况进行选择，但并不意味着结构项越多越好。薪酬福利设计是一项系统性强、复杂性高的工作，既要充分考虑货币型与非货币型因素，还要考虑长期性和短期性因素，并且需要结合公司的发展战略与定位以及公司的支付能力来综合考量。

2. 四种定薪方法之优缺点对比

定薪工作不仅复杂性高而且牵一发动全身，企业在开展定薪工作时，既要考虑内部的公平性还要兼顾适度的外部竞争性，以及适度的保健因素和激励因素，更要充分考虑企业的支付能力。

当前业界公认的定薪方法有四种，如表3-2所示。

表3-2 四种定薪方法的优缺点对比表

定薪方法	释义	主要优点	主要缺点
基于职位定薪（Pay for Position）	依据企业对职位的相对价值的认定来定薪	1. 易于实现"职得其人，人尽其用" 2. 易于实现同工同酬 3. 相对更加客观和规范	1. 职位评估工作过于复杂 2. 难以激励员工在本岗位上创新

续表

定薪方法	释义	主要优点	主要缺点
基于业绩定薪（Pay for Performance）	根据员工的业绩或为企业创造的价值来定薪	1. 企业的薪酬成本更加弹性，可控性高 2. 员工薪酬与公司业绩和个人业绩直接挂钩，激励效果明显 3. 操作简单，动荡较小	1. 员工薪酬稳定性低，收入波动大、压力大 2. 会让员工为了业绩不择手段或急功近利 3. 不利于新业务的发展，对长期健康发展产生负面影响
基于能力定薪（Pay for Power）	根据员工的能力重要性和供需情况来定薪	1. 激励员工学习，掌握更多更精的技能 2. 能够更灵活地调配员工 3. 有利于保留精干的员工	1. 如果员工的技能普遍很高，则企业的人力成本将居高不下 2. 技能界定/评级难度大，操作不当的话会误导员工
基于市场定薪（Pay for Market）	根据员工的市场价格，根据其知识、技能与经验来定薪	1. 灵活性高，在人才竞争非常激烈的行业，有利于吸引和保留人才 2. 操作简单，易于实施 3. 在同业内能够保持薪酬竞争力	1. 以竞争对手来决定员工的薪酬，会加剧内部的不公平性和系统性 2. 多数竞争对手的薪酬都保密，且获得的薪酬信息容易失真 3. 企业被动迁就人才，人力成本过高

上述四种定薪方法各有优缺点，没有绝对的好坏或先进落后之分。企业在不同的发展阶段和不同的规模下，可结合实际情况做选择。对于多数中小企业而言，由于缺乏专业人员，业务与组织的稳定性不足，采取基于职位定薪的方法难度较大，要解决这个问题有两种思路：一是聘请咨询公司或咨询顾问，帮助其操盘设计薪酬福利体系；二是选择更简单的基于业绩/基于能力/基于市场的定薪方法。尽管后者同样会面临一些限制条件，但也不失为一个过渡时期的折中办法。

对于这三种过渡时期的定薪方法，企业在操作时需要掌握如下基本策略和注意事项。

2.1 基于业绩定薪的基本策略与注意事项

基于业绩定薪有两种操作方法，其一是将员工业绩作为定薪的唯一依据，即收入中的过半部分与个人业绩挂钩，不与职位等级挂钩；其二是将员工业绩与员工的变动部分收入挂钩，不与员工的固定部分收入挂钩，也不与职位等级挂钩。无论选择哪一种，都需要注意如下三个关键条件。

——通常可用于销售型企业或企业的营销部门，但除少数行业外不宜覆盖全员

对于部分行业如贸易流通企业，由于其没有研发、采购、生产制造、品牌等环节，其主营业务多为代理或经销品牌厂商的产品，除了销售部门之外只有少数几个销售支持与后勤部门，并且其岗位中几乎都是销售岗位与销售支持岗位，组织职能相对单一。因此，这些行业的销售部门和岗位可以采取简单易行的业绩定薪法，销售人员的收入中70%~90%均为绩效工资，只有10%~30%的收入为固定工资。而销售支持部门与后勤部门，也可以采取较少的固定工资（例如50%）+高比例的绩效工资（公司绩效或效益，非岗位绩效）的方式进行定薪。

这种定薪方式操作简单，激励效果良好，非常适合知名品牌或领先品牌产品的经销商或代理商，因为经销或代理此类产品的销售难度很低，比较容易完成厂商下达的销售指标。这种定薪方式还能够最大限度地让贸易流通型企业冲业绩，并且让员工与企业风险共担、利益共享。

还有一些企业的营销部门也采取类似的定薪方式，例如房地产企业的售楼中心和房地产全案代理公司，以及旅行社的导游。这些部门/企业的销售人员底薪很低，其收入结构中超过80%的比例来自销售奖金/提成，虽然遇环境好或产品好的情况时，月入数万甚至数十万元的情况也经常发生，但一旦环境下行或产品缺乏竞争力，其收入也将大幅缩水。

如果是贸易流通型企业，或者是有着成熟和大量的销售人员供应并且招聘成本和招聘难度较低的行业，的确可以采取这种业绩定薪的方式，但这种方式并不适宜在企业内全面铺开，而是仅针对营销部门和岗位。

——企业必须建立起科学完备的绩效管理体系，否则难以奏效

无论是销售型企业还是企业的销售部门，采取业绩定薪的方式都需要建立在一个前提之上——企业已经搭建好了科学完备的绩效管理体系，对指标的设置和指标标准的设定都比较成熟可靠，能让员工"跳起来就够得着"，否则指标的标准设置得过高、指标太多或计算太复杂，只会适得其反。

通常而言，销售型企业或部分企业的销售部门，其销售人员所承担的考核指标不宜过多，只要涵盖销售额、销量、回款额/回款及时率、客户数这几个关键指标即可。

——除变动部分的绩效工资/奖金外，固定部分应高于所在地当年的最低工资标准

即便企业采取完全业绩定薪的方式，也必须在劳动合同法的要求下支付企业所在地要求的最低工资标准，否则即是违法。换言之，员工收入100%均为绩效工资/变动工资而没有固定工资的设计方案是非法的。事实上，包括上文谈及的贸易流通企业和房地产公司的售楼中心，以及房地产全案代理公司，已经很少采取这种低固定、高浮动的业绩定薪方式。因为人员流动性太高、副作用太大，即便从外部招聘非常容易，频繁的人员流动也非常不利于企业的健康发展。

2.2 基于能力定薪的基本策略与注意事项

基于员工能力定薪的方式，其分配哲学是：员工越能干、能力越突出，收入就越高，强调员工的技能和业务水平，淡化甚至摒弃了基于职位相对价值和职级的因素。因此，从适用范围来看，能够采取此种定薪方式的企业，无论规模大小，都有几个共同点：强调创新、强调技术，资金实力雄厚、有强大的支付能力，有一定规模的人力资源部门或资深的 HR。

转型升级意味着企业的定位、发展战略、业务与产品、组织体系、管理体系、人员结构都会出现全方位的调整，企业向创新驱动与技术驱动倾斜，在此阶段势必面临着艰巨的"破冰"重任。其中，对高精尖人才的需求也会陡然增大，因此也需要打破既往薪酬体系尤其是给人才定价的常规思路——对于企业转型升级所需的高精尖人才，更适合采取"因人定岗，因人定薪，一人一议"的机动型策略，以此提升对高精尖人才的吸引力，促使企业得以更顺利地实现转型升级。

尽管此种定薪方式会破坏企业原有的薪酬体系，让企业的薪酬体系从单一体系变成多种体系并存的局面，薪酬管理的复杂性和难度都大大增加，但对于处在转型升级这个特殊时期的企业而言，却是行之有效的解决方案。

如表 3-2 所示，如果企业的薪酬体系不能让所有员工都满意，那就将有限的资源高度聚焦，将资源向高精尖人才和技能强的人员倾斜——与其多而平不如少而精。虽然可能会增加人力成本，但企业可以通过减员增效的方式来应对。这种定薪方式和用人策略不仅适合大企业，也适合中小企业。

2.3 基于市场定薪的基本策略与注意事项

基于市场同业的定薪方式的本质是采取对标同行、参考同行或主要竞争对手的薪酬来给员工定薪的方式。这种方式操作起来最简单，但是局限性也非常高。首先并非所有职位的薪酬信息都能获取，而且通过网络查询、求职者面谈所获取的信息真实性存疑，更重要的是假如同业或竞争对手的薪酬明显高于企业的相同或相近职位，企业将陷入两难境地。除非该职位是企业的核心岗位，企业可以采取能力定薪、特殊人才特殊对待的方式，否则会破坏企业原有薪酬体系的规范性与一致性，也会加剧内部失衡。

如果不得已而采取此种定薪方法，那么企业有两种方法可选择：一是所有职位都完全对标市场同业，如果无法获取完整、真实的同业职位薪酬信息，那么可选择标杆职位作为参照系；二是如前所述，企业可以多种薪酬体系并存，采取"老人老办法、新人新办法"的方法，即谈判制或根据"新人"的能力水平来定薪，但"新人"仅适用于高精尖人才或关键岗位的人员。

方法一所述的标杆职位，可以按职级划分为三级到五级，例如决策层、高管层、部门经理层、骨干层和基层，再通过招聘网站检索相似职位的薪酬信息，以及通过面试所获取的薪酬信息和同业圈子交流来加以佐证。尽管这种方法所获取的薪酬信息依然存在失真和不完整的情况，但可以缩小薪酬的误差范围，让定薪更加准确、更加贴近同业水平。如果条件允许，也可以对标杆职位按序列或部门进行划分，例如财务部经理、研发部经理、生产制造部经理、销售总监等。按职位序列或部门进行划分，再通过招聘网站、面试和同业圈子调查的方法进行佐证，同样面临薪酬信息失真与不完整的情况。

如果企业希望获得更加真实、更加完整的薪酬信息，则可以采取按职级分层+按职位序列或按部门划分并行的方式，这种混合参照系的方法所获取的薪酬信息的真实性和完整性会更高。如果企业希望借此机会去重新设计和优化薪酬体系，那么就只能采取第四种定薪方法：通过职位评估，重新设计优化企业的组织体系，并将行业薪酬报告作为参照系来全面重构企业的薪酬体系。

2.4 基于职位定薪的基本策略与注意事项

基于职位定薪的方法是最规范和最全面的定薪方法，虽然复杂性高、难度大，却能够一步到位，彻底解决企业在发展过程中所积累形成的组织问题和薪酬问题。

相比前三种定薪方法，基于职位定薪的方法还需要先完成企业的职位梳理与优化，即完成定岗定责。在完成了职位与职责的梳理优化之后，会生成新的职位列表与职位说明书（JD），而职位评估就是针对这些优化后的职位进行相对价值的评价。评估完成之后会形成职位矩阵和各职位的职级，然后即可统计企业的薪酬数据，并将评估后的职级与市场薪酬数据进行比对，以此评价企业的薪酬水平在业内所外的位置。

在统计薪酬数据时通常会有四种口径，分别是年度基本现金、年度固定现金、年度总现金和年度总薪酬。这四种口径的关系是：年度总薪酬 = 年度总现金 + 年度股票期权，年度总现金 = 年度固定现金 + 年度变动现金，年度固定现金 = 年度基本现金 + 年度固定补贴津贴。这四种统计口径的内涵与适用范围，如表 3-3 所示。

表 3-3 四种薪酬统计口径的内涵与适用范围释义表

口径名称	定义与内涵	优缺点与适用范围
年度基本现金	旱涝保收，不与任何考核挂钩，只与职位等级相关，每月/每年固定发放，不包含补贴津贴的基本现金收入	1. 简单易行，易于固定人力成本的核算 2. 可作为营销人员的薪酬设计口径 3. 可作为贸易流通型企业或销售型企业的薪酬设计口径，也适用于小微企业

续表

口径名称	定义与内涵	优缺点与适用范围
年度固定现金	在年度基本现金的基础上，额外发放且不与任何考核挂钩，只与职位等级相关，每期（月/季/年）发放的补贴津贴等现金收入	1. 易于固定人力成本的核算 2. 适用于有特殊岗位需要设计补贴津贴科目所用 3. 需区别对待，避免津贴补贴异化为刚性工资
年度总现金	在年度固定现金的基础上，增加了与变动收入部分及公司经营效益部分的变动收入；与岗位绩效、职位等级、公司效益有关	1. 更接近真实的人力成本 2. 简化了各结构薪酬的设计，易于管理 3. 员工能够预知自己收入的上限，但不利于特殊人才的引进与转型升级时期的企业
年度总薪酬	在年度总现金的基础上，增加了中长期的非现金部分收入（有相应的兑现及行权条件）；与公司是否上市及经营效益相关	1. 不确定性较高，但充满想象 2. 适用于上市/拟上市企业，或推行股权激励的企业 3. 操作复杂，需要提前设计好获取/行权/退出机制

不同的企业所提供给员工的薪酬结构项各不相同，企业在开展薪酬设计时还需结合实际情况进行选择。但从操作难度和时效性角度考虑，通常会建议企业选择年度基本现金或年度总现金这两种口径，而从最佳实践的角度看，选取年度总现金作为设计口径最为适宜。原因如下：

——**从激励效果看，当期或短期内的激励效果更佳**

当期或短期激励尤其是货币型激励，是业界公认的效果最好、见效最快的激励方式，对于吸引、保留和激励人才有着迫切需求的企业而言，股票期权等中长期激励手段多少有些"远水不解近渴"。

此外，几乎所有企业里的绝大多数员工都远未达到财务自由的阶段，他们更希望自己努力创造的价值能够在当期、短期内得到兑现。而年度总现金这个设计口径里已经包含了工资、奖金、现金补贴津贴等所有当期或短期的固定与变动部分的现金收入，能够更直观、更完整地与同行业进行对比，也降低了企业将员工的年度总现金收入按照一定比例划分、将变动部分现金收入与绩效管理体系对接的难度。

——多数企业都没有导入股票期权等中长期激励手段

股票期权相当于"金手铐"，通过有条件的赠予或内部认购的方式让员工获得企业的分红权，从制度上让员工与企业结为命运共同体，避免员工的短视或短期行为，让员工愿意为企业长期服务，因为一旦企业上市或达到行权条件，员工一夜暴富并非不可能。

但多数企业尤其是中小企业都没有导入股权期权等中长期激励手段，并且在导入股权期权等中长期激励手段之前，还要调整或重设企业的治理结构、长期战略、人力资源与组织管理体系。

因此，从现实角度考虑，既然多数企业都没有导入股票期权，那么在选择薪酬设计口径的时候也不必考虑年度总薪酬这一真正意义上的全口径薪酬。

——股票期权的不确定性更高，成本核算的难度大、周期长

股权与期权都是着眼于长期、立足于未来，具有较高的不确定性。如果企业上市，那么持股的员工一夜暴富成为千万富翁甚至亿万富翁并非不可能；如果未上市，但未来若干年内经营业绩良好，那么持有期权的员工也能分享企业的经营成果，获得更多的"类财产性收入"。

但股权期权都有很高的不确定性，并且存在兑现周期长、成本核算难度大的不足，这会导致企业难以核算最准确的人力成本。因此，通常在实际操作时，企业都会将股票期权视为一种给员工尤其是核心骨干的"额外奖励"。

综上所述，绝大多数企业都适宜采取基于职位定薪的方法，尽管复杂性高、难度大，但这种方法不仅能解决企业的定薪问题，还顺便将不规范的职位体系和职级体系给梳理优化了——意味着内部的公平性与一致性得到了解决。即便不是为了定薪，也能通过职位梳理优化与职位评估，去审视和明确企业未来的发展定位与业务战略，从而明确企业在转型升级这一重任下的用人策略与组织和职位调整策略。

3. 薪酬成本与财务数据的关联及匹配

薪酬成本是全口径人力成本中占比最大的部分。了解企业成本结构的内涵、属性与基本控制方法，有助于审视和评估企业的薪酬成本是否合理，帮助企业用科学、全面、动态的方法，在薪酬成本与企业各项财务数据之间建立起关联，并在长期的经营过程中找到规律，制定科学规范的薪酬成本优化方案。

企业所在行业不同，其资产结构、运营方式也各不相同，但成本结构都大同小异。以占比大小排序的话，企业的成本结构占总体成本的比重较大的有如下几项：原材料成本、生产制造成本、人力成本、研发成本、财务成本、固定资产摊销折旧、管理费用这七个科目。尽管不同行业和不同规模的企业，这七个成本科目占总体成本的比重会存在较大区别，但除少数重资产行业（如基础设施、电力能源、石油化工、商业银行等）外，绝大多数行业和企业最大的三项成本里必然有人力成本。

企业这七项主要成本结构的内涵、属性与基本成本控制方法，如表 3-4 所示。

表 3-4 企业主要成本结构释义表

成本结构名称	成本结构属性	成本结构主要科目	主要控制方法
原材料成本	除订单制外，均为先发生业务后产生成本，由业务量/销量来决定；弹性大、可降空间小	每单位成品原材料成本、原材料仓储/物流/损耗	1. 更低成本的替代性原材料 2. 确保质量达标前提下，减少用量及过程中的损耗 3. 大规模采购以降低成本
生产制造成本	除订单制外，会有铺货/库存产生的生产制造成本；弹性中等、可降空间小	生产过程损耗、生产制造人工	1. 降低生产制造损耗 2. 提高零部件通用水平 3. 减少人工，提高自动化水平
人力成本	未发生业务之前就产生；由业务量/规模/自动化程度决定；弹性大、可降空间大	人员工资与社保费、人员招聘费/培训费	1. 压缩人员编制 2. 提高薪酬结构的弹性 3. 企业职能/人员社会化
研发成本	未发生业务之前就产生；由产品科技含量/迭代周期决定；弹性中等、可降空间小	研发人员薪酬、样品设计制作、样品测试检测费用、研发设备设施折旧与耗材成本	1. 更精确的需求预判 2. 提高知识管理水平，缩短研发周期 3. 加强研发项目管理水平
财务成本	取决于投资规模和资产负债率；弹性小、可降空间小	融资成本、债务利息	1. 降低资产负债率 2. 扩大直接融资规模 3. 控制资产规模并提高利用率
固定资产摊销折旧	取决于固定资产的维护保养水平及设计寿命；弹性小、可降空间小	固定资产摊销成本、维修保养成本	1. 固定资产延寿 2. 提高维护保养水平
管理费用	取决于管理水平和自动化程度；弹性中等、可降空间中等	房租、水电费、通信费、差旅费、招待费	1. 降低办公场地档次，搬离核心区或减少面积 2. 扩大在线/弹性办公范围

分析企业的成本属性与成本结构，是为了更好地了解成本与财务数据的关系。分析薪酬成本／人力成本，一是为了提高其弹性，让人力成本不至于太过刚性而使企业承受过高的成本压力；二是为了从中找出可优化、可削减的成本结构，让企业能够减轻负担，更好地发展。总体而言，薪酬成本与财务数据之间的关联及其应用策略主要集中在以下五个方面。

——**第一，关注薪酬成本总额的同时要关注占营收与毛利的比重**

在产能和全口径成本恒定不变的情况下，企业的营收或毛利越高，薪酬成本占营收或毛利的比重也就越低，即毛利率提高；而在薪酬成本不变的情况下，企业的营收低于一个盈亏平衡点时，企业就会面临亏损。换言之，薪酬成本总额占营收与毛利的比重并非一成不变，会随着企业经营效益的好坏出现波动。理论上，薪酬成本占营收的比重越低越好，但实际上不可能永远降低，一旦达到一个临界点之后就不再降低。

看待薪酬成本总额需要动态的眼光，在企业不同的经营阶段关注不同的数据及其函数关系——通常情况下，当企业处在亏损状态时，企业更应该关注并控制薪酬成本的总额；而当企业处于盈利状态时，企业除了要关注薪酬成本总额的绝对值，更要关注薪酬成本占营收和毛利的比重。

正是因为薪酬成本／人力成本在企业七大主要成本项目中的占比较高且弹性较大，所以每当遭遇经营困境或亏损压力时，多数企业都会将裁员减薪作为控制成本、实现盈亏平衡的常用手段。从最佳实践看，压缩薪酬成本既不利于人才的引进、保留和激励，又不利于企业转型升级，实现健康可持续发展；而脱离实际盲目扩张或加薪，更会让企业不堪重负，陷入破产倒闭的境地。

因此，最稳健的做法是：在不影响核心岗位的稳定性与人才引进的前提下，适度提高薪酬体系的弹性，审慎扩张、严控编制。同时，提高员工变动部分的收入，让员工与企业的利益保持一致、能分享企业经营的成果。

——第二，不同行业/发展阶段的企业，薪酬成本占全口径成本的比重差异大但有规律

以行业为例，重资产行业（如基础设施、电力能源、石油化工、商业银行等）的薪酬成本占全口径成本的比重相对较低，有的仅为25%（我服务过的某发电企业）；而轻资产行业（如消费品、酒店、旅游、贸易流通、智力服务业、生活服务业等）的薪酬成本占全口径成本的比重相对较高，有些行业的薪酬成本占全口径成本的70%甚至更高，例如咨询公司、会计师事务所和律所等。

以发展阶段为例，通常初创期和发展期的企业，薪酬成本占全口径成本的比重要明显高于成熟期，这是因为初创期和发展期的企业面临的不确定性较高，人员平均技能水平通常低于成熟期的企业，因此成本较高；而一旦趋于成熟，薪酬成本占全口径成本的比重就会稳定下来，直至企业出现较大的调整或变化，例如战略调整、转型升级或并购重组等。

无论是哪个行业或哪一个阶段的企业，薪酬成本占全口径成本的比重都有特定的规律，能够让企业在制定薪酬战略时有更多的依据，或者给企业提供内外部对标的参照系。

——第三，企业可根据业务规模和企业成熟度制定薪酬成本标准并动态管理

制定薪酬总量标准的意义不仅在于让薪酬管理工作有了"红线"（总量额度或比重标准），还能让企业可以根据实际情况对人员编制进行动态调整，例如增员或减员；并且能够避免过于机械或一刀切的情况发生，从而避免影响新业务或战略性业务的要求，同时能够让企业在既定的范围内进行动态管理，既兼顾了总量控制标准的要求，又能兼具灵活性。

从简化操作的角度考虑，如果根据业务上市时间来进行薪酬总量的标准设定，那么可按时间轴进行划分，也可按业务量进行划分。例如，按时间轴划分时可将新产品新业务上市的头半年（导入期）作为一个周期来设定标准，上市后的半年至一年（成长期）作为一个标准，上市一年之后（成熟期或稳定期）又作为一个标准，并根据企业的行业属性和产品属性，对这三个周期的薪酬总额或比重进行相应地设定。而对于成熟产品或成熟业务，则可单设一个标准。但是，以上市时间作为设定依据的话，至少应该完全覆盖一个完整的销售周期，即从接到订单或签订采购合同开始，直至产品或服务交付并百分之百收回款项。

　　如果按照业务量进行划分，可以根据销量或销售额进行分类，即达到某个销量或销售额之前是一个标准，达到某个销量或销售额之后，又是一个标准。同样，对于成熟产品或成熟业务，也可单设一个标准。无论是按销量还是销售额，无论是采取总额设定还是比重设定的方式，都需要充分结合企业的行业属性、产品属性以及产品的成熟度。

——第四，以人均劳动生产率为基准，定期核定每单位产出的成本

　　人均劳动生产率是一项综合性的指标，不仅能用来评价企业的经营业绩，也能用于评价人员素质和技能，还可以作为企业定编、定薪及人力成本管理的重要依据。

　　人均劳动生产率会因企业主营业务与产品的不同、人员素质技能的不同、自动化程度与产品服务附加值的不同而存在较大差异，但在同等条件下，这项指标依然可以直观地反映出企业的各项业务活动所创造出的价值高低。因此，企业可以人均劳动生产率为基准，去定期核定每单位产出所耗费的真实成本。例如，采取作业成本法（Activities Based Cost），根据作业/业务活动来厘定成本，包含作业/业务活动

环节所消耗的直接成本与间接成本，找到最重要的成本科目并制定控制方案。

——第五，成本控制工作前置，慎用裁员减薪方式来削减薪酬成本

通常情况下，企业的运营成本相对固定、较为刚性而不会在短期内发生重大变化，而相比运营成本，企业的营收与利润就会受许多因素的影响而呈现出上下波动的情况。这种特性决定了企业对待成本应该用更全面、更动态、更前瞻的视角去分析，而非单纯从成本总额的角度去审视成本管理。

在企业的全口径成本中，人力成本是占比最高的成本项目之一，也是最容易通过削减来控制的，所以许多企业都习惯于通过裁员减薪来控制成本。但裁员减薪方式的副作用较大，并且在许多时候还会面临法律法规的限制，因此，企业应将其视为成本控制最后的方法，要慎用。对于成本控制，最佳途径是将成本控制工作前置，例如严格控编、审慎扩张、多用精兵强将而非人海战术、提高自动化或智能化水平等，这些都是防患未然的人力成本控制工作前置的最佳实践。

4. 长期激励的内涵与适用条件

激励方式从时间维度去划分，可分为短期激励和长期激励，从激励内容维度去划分，可分为货币方式与非货币方式。各类激励方式及其优缺点，如表 3-5 所示。

选择短期激励还是长期激励、货币方式还是非货币方式，需要企业进行通盘考量，并且，这些激励方式之间并不是非此即彼的关系，更多的是互为补充的组合，即短期不足长期弥补、货币不足非货币弥补。同时，长期激励与非货币激励方式不能作为员工激励方式的主流，

表 3-5　各类激励方式优缺点对比表

分类维度	激励方式	定义与内涵	主要优点	主要缺点	适用条件
时间维度	短期激励	对员工的奖励在当期或6个月内进行兑现的激励方式	1. 效果显著，操作简单 2. 即时性高，更易取信于人	1. 当期支付压力大 2. 容易鼓励短期行为而忽略了长期利益	适用于所有企业
时间维度	长期激励	对员工的奖励在1~3年后进行兑现的激励方式	1. 缓解当期支付压力 2. 鼓励长期主义，能缓解短期行为或短视伤害长期利益 3. 内容更多样，除了货币还有股权期权等	1. 即时性低，难以在短期内激励员工 2. 操作复杂，需要设计股权期权激励机制及其他方式 3. 对人员尤其是核心人员的稳定性有一定要求	1. 经营相对稳定，具备一定规模的企业 2. 创始团队或核心骨干
内容维度	货币激励	以货币为内容的激励方式	1. 效果显著，操作简单 2. 即时性高，更易取信于人 3. 能满足员工的迫切需求	方式单一，无法满足部分员工对非货币激励的需求	适用于所有企业
内容维度	非货币激励	以非货币为内容的激励方式，如多重职位通道、内部创业等	1. 方式多样，能满足不同员工在不同阶段的需求 2. 能缓解企业的支付压力	1. 操作复杂，需单独设计并设置相应的兑现管理机制 2. 对人力资源/组织管理等关联政策或机制有较高要求	适用于规模较大的企业

而是在短期激励与货币激励的基础上的一个补充——即先做好短期激励与货币激励，再设计长期激励与非货币激励方式。尽管短期激励与长期激励、货币激励与非货币激励可以同时并存，但切忌搞反顺序或颠倒轻重，否则只会适得其反。

对于表3-5所述的四种不同内容、不同周期的激励方式，企业在导入时还需要注意以下两个基本原则。

4.1 短期激励与货币激励是基础与核心，其余方式都是补充

据马斯洛的需求层次理论，人有五种层次的需求，从低到高分别是：生理需求、安全需求、情感与归属的需求、被尊重的需求与自我实现的需求，而当期激励与货币激励是解决员工生理需求和安全需求最重要的手段。

除少部分群体外，大多数已婚已育员工和有按揭的员工，都面临着不同程度的经济压力，包括抚育子女、房贷车贷、赡养老人等支出。他们当中除少数人已经实现或基本实现了财务自由或者有了财产性收入外，大多数人的收入都依赖劳动性收入，其存款通常只够维持3~6个月的生活日常支出。因此，短期激励与货币激励的重要性远非长期激励与非货币激励可比。

如何在确保效果最大化和兼顾自身支付能力的基础上，最大限度地提高激励效果、降低激励成本，是企业永恒的课题。尽管可以选择长期激励与非货币激励等方式，但必须建立在短期激励与货币激励的基础之上，并且，长期激励与非货币激励这两种方式有着明确的前提条件：一是短期激励与货币奖励已经呈现出效果递减的态势；二是员工有着明确的需求并且难以通过短期激励与货币激励来满足。

4.2 越是中小企业就越应该丰富激励内容和激励方式

大多数中小企业的资金实力都不如大企业，要硬碰硬地去跟大企业比拼货币激励和长期激励不是一个明智的选择；中小企业与大企业相比，最大的优势是更灵活、决策快、机会多，这就为丰富激励内容和激励方式创造了良好的条件。因此，丰富激励内容，善用、巧用激励方式就能够在相当程度上弥补因支付能力不足而导致的短期激励与货币激励的力度不够的短板。从最佳实践考虑，有以下两种长期激励的应用策略更适合中小企业。

——简化设计难度，优先考虑虚拟股票/虚拟股权

虚拟股票不同于实股，没有完整的股权权能，只有分红权而没有表决权和所有权（通常也没有增值权），也不能转让或出售，但是不涉及公司股权结构的实质性变化，不会对决策和控制构成影响。

此种长期激励方式操作简单，兼顾了短期与长期的效果，其本质上还是货币型激励方式。由于虚拟股票/股权是被激励对象通过创造价值或与企业签订协议而被赠予的，是一种额外的、非即期的收益，如果企业的确发展良好，这部分因虚拟股权而产生的收益也相当可观。对被激励对象而言，未来的潜在收益充满想象且获取代价低（不需要花钱认购，只需要达成业绩目标或其他约定目标），足以弥补短期激励力度不足的缺憾。

对企业而言，虚拟股票/虚拟股权不仅不会影响公司的实际股权结构和决策权与控制权，还避免了诸如实际股权激励/期权激励产生的认购、行权、赎回等问题。只需要对未来一段时间内的经营业绩进行预测，并从中抽出一部分用于虚拟股票/虚拟股权的利润分配，就能对人才的吸引、保留和激励起到提升作用，还能缓解当期支付压力、降低资金压力，因此，这种方式比较适合中小企业。

——对于有创业欲望的员工，可在虚拟股票/虚拟股权的基础上增加虚转实机制

如果说虚拟股票/虚拟股权更多的是从被激励对象的初级需求角度考虑，那么真实股票/股权就更多倾向于被激励对象的高级需求，即自我实现的需求，例如参与决策、自主创业等。

依照相应的法律法规，真实的股权需要出资认购，无论是以约定价格还是行权价格的方式购买。这种需要被激励对象出资购买的方式与被激励对象选择创业一样，都需要真金白银地掏腰包，这就意味着这种方式必须建立在被激励对象对企业有着高度的认同感和信任度，并且企业的经营业绩良好或保持健康发展的条件下，否则被激励对象不可能出资认购。由于具备了从虚拟股票/虚拟股权转化为实际股权的机制，成了股东之后能够行使法律赋予股东的完整权利，如分红权、所有权、表决权和增值权，所以相较于前一种，此种方式更适合那些有着创业欲望、不甘于打工的员工。

从实操可行性与难度的角度，企业应先从虚拟股票/虚拟股权开始，再根据企业的发展状况与实际经营情况，择机导入虚转实的长期激励手段，这样的操作顺序更合理也更易见效。

除上述货币型的长期激励手段外，多重职位发展通道和内部创业也是行之有效的激励方式。多重职位发展通道在第 2 章 "提高人才吸引力" 中已有描述，此处不再重复，只简述内部创业。

5. 让补充福利兼顾弹性和引导性——积分制福利的最佳实践

法定福利是企业为满足法律法规的强制要求而给员工提供的福利，补充福利则是企业在法律法规的强制要求之外，为实现法定福利无法达到的效果或为了提高对员工的吸引、保留和激励，以及让企业

氛围更好、提升软实力而设置的弹性福利。

尽管有许多企业绞尽脑汁地创意和设计了丰富多样的福利清单，以期能满足所有员工的需求，并且这些补充福利也的确为许多员工和外界所津津乐道，但是，这些补充福利还是存在一些设计上的不足：要么千篇一律没有特色，要么脱离员工实际情况，要么异化为刚性福利而失去弹性。

必须承认，就算企业投入再多的精力和资金，也无法保证让所有员工都对补充福利百分之百满意，而企业也不可能无限制地扩大补充福利的范围或额度。那么，有没有一种折中的解决方案，让补充福利既丰富多样又能体现弹性而不至于异化为刚性福利呢？

积分制福利就是解决这个问题的最佳途径。顾名思义，积分制首先要有积分，其次才是通过积分换取指定的/自定义的福利。这就隐含了一个前提：积分制福利是有条件的福利，而无条件的福利或者是法定福利，又或者是企业给员工的全员普适的补充福利，例如职位补贴津贴、补充保险和每年一次的寒暑实物/劳保用品发放等。

换言之，积分制福利是企业在法定福利与缺乏个性的全员普适的补充福利的基础上，用于肯定员工业绩或特殊贡献所设计的一种有条件的弹性福利。积分制福利既没有法定福利的刚性，也没有补充福利特色不足的弊端，更重要的是它需要获取积分才能兑现，并非所有员工都能得到，因此具有很高的弹性和引导性——引导员工创造佳绩，再通过业绩去兑换积分、用积分去兑换相应的福利。

基于积分制福利的属性，其设计思路有别于薪酬设计，也不同于常规的补充福利设计。一个完整的积分制福利设计流程通常会涉及以下四个步骤。

——第一步是制定积分制福利的预算总额

企业在设计薪酬福利体系时都会做总体薪酬成本预算，这个预算中包含工资、法定福利和普适性的补充福利，但并未包含积分制福利——如前所述，积分制福利是有条件的福利，需要员工达到设定的条件之后去获取积分，再通过积分去兑换相应的福利项目。从这个属性上看，积分制福利类似员工的超额奖金或特殊奖励，因此需要单列之后将其进行独立预算。

为最大限度地减轻企业的负担，同时兼顾积分制福利的弹性与个性，通常这部分预算的总额都应低于或不超过补充福利的总额，但究竟设置多少才算合理，业界并无标准。从最佳实践的角度出发，积分制福利的预算可以简化为一个比例，即企业薪酬总成本的1%~2%。这个比例并不会对企业的人力成本构成较大的压力，在用于设计、制作或采购相关的积分制福利产品时也会有较为宽裕的预算。并且，这部分新增的薪酬成本，完全可以通过提高人均劳动生产率，或者通过重新定岗定责定编的方式来轻度压缩一两个人员编制就能化解。因此，采取定比/定额的方式来制定积分制福利的预算比较简单易行。

——第二步是制定积分获取规则

不同于普适性的补充福利，也不同于员工因业绩突出所获得的超额奖励或特殊奖励，积分制福利的积分获取不能仅体现业绩导向或基于贡献，而是既要兼顾这部分绩优员工或做出了突出贡献的员工，又要兼顾那些业绩中等但平时表现不好不坏的大多数员工。因此，积分的获取条件就需要进行通盘考量——须与企业所主张或倡导的某些理念和行为挂钩，但又要避免为了积分而给积分的误区。所以，这就需要在积分的设计导向和分值上做文章。

不同行业、不同规模、不同发展阶段的企业，其倡导和主张的理念与行为各不相同，并无通行标准，但依然可以借鉴目标管理与价值观管理的思路去设计。积分获取规则如表3-6所示。

表 3-6　积分获取规则释义表（举例）

得分维度	分值				
岗位绩效得分排名（40%权重）	第1名	第2名	第3名	第4名	第5名
	100分	80分	60分	40分	20分
司龄（10%权重）	>4年	3~4年（不含）	2~3年（不含）	1~2年（不含）	≤1年
	100分	80分	60分	40分	20分
岗位技能综合评分（20%权重）	>95分	91~95分	81~90分	71~80分	61~70分
	100分	80分	60分	40分	20分
创新建议被采纳数（20%权重）	≥5条	4条	3条	2条	1条
	100分	80分	60分	40分	20分
部门间满意度得分（10%权重）	>95分	91~95分	81~90分	71~80分	61~70分
	100分	80分	60分	40分	20分

上表涉及五个维度，每个维度均采取百分制；计分时各维度得分乘以所在维度的权重即可得出员工在该维度的得分。企业可根据实际情况进行积分维度与计分规则的设计，但无论选择哪些维度、用何种计分方式，都应遵循以下基本原则。

一是充分体现企业的阶段目标与价值导向。无论企业是否强调业绩导向，在积分的设计维度上都应体现业绩维度，但权重可酌情进行高低调整。此外，表 3-6 中，如司龄、部门间满意度这两个维度更多的是照顾那些表现普通但兢兢业业的员工，他们或许无法在绩效考核上获得高分，但可通过积分制适度地得到一些积分。同时，对于某些职能型、支持型部门，如财务、行政、法务等，这些部门的绩效考核不容易量化，工作成绩也难以直观地体现，所以也可通过积分制的方式来适度补偿。岗位技能综合评分的设置，更多的是为了在非绩效收入的层面鼓励员工努力提升岗位技能；创新建议被采纳数则是基于中国企业未来都会面临的转型升级与创新驱动的总体方针来考量，但是，如何去界定还需要其他评价机制。

二是避免只让绩优员工或做出突出贡献的员工获得积分，应考虑让普通员工也能获得积分。如果只是为了达到让强者更强、绩优者得到更多的目的，完全没有必要设计积分制福利，加大绩优的奖励额度或者在现行的绩效奖励政策中体现就足矣。之所以设计积分制福利，初衷是为了弥补法定福利与普适性质的补充福利所无法覆盖的个性化需求，而个性化需求同样需要成本，要得到满足就必然应该具备或达成某些条件，但这些条件不应该只跟绩效挂钩，还应该充分考虑非绩效的因素。毕竟企业里的绩优员工永远都是少数，更多的是普通、平凡但也合格的员工，他们的诉求应该被关注，他们的需求也应该得到适度满足。

三是计分规则需要具备相应的管理环境与底层数据。任何衡量与量化企业表现与员工行为的工具方法都离不开数据，无论是应用于重大决策还是应用于员工评价，积分制福利也不例外。因此，要想成功实施积分制福利并做到客观、全面、公正且让员工满意，科学的测量方法就必不可少，但这需要相应的管理环境与底层的数据作为支持。

如果企业的管理环境还不成熟，缺乏相应的底层数据做支撑，那么就不适合在此阶段导入积分制福利，而应先把最基础的法定福利与普适性的补充福利做好之后，再择机实施。

——第三步是设计积分制福利产品

在上文中已经谈及，积分制福利是在法定福利与普适性的补充福利之外的一个带有引导性和有条件的福利类型，既没有刚性福利的兑现麻烦（五险一金在一般情况下很难兑现），也没有普适性补充福利的无差别和缺乏个性，并且从难度和成本角度，企业也不可能无限制地扩大补充福利的范围。更重要的是，企业需要在确保福利具备较高弹性的同时，能起到引导和激励作用，这就是积分制福利的最大特色。

因此，积分制福利产品必须尽可能地错开补充福利产品，实现差异化。

积分制福利产品与普适性补充福利产品和刚性福利的差异化，不仅体现在价格或价值上，还可体现在福利产品的类型上。理论上讲，积分制福利产品可以覆盖员工的所有场景以及相应场景所衍生出的福利产品。积分制福利产品类型与名称如表 3-7 所示。

表 3-7　积分制福利产品类型与名称示例表

福利产品类型	福利产品名称	福利产品简介
个人生活	相亲介绍	介绍对象或组织相亲
	造型设计	帮助员工物色造型师并办卡
	皮肤管理	帮助员工物色会所并办卡
居家服务	家庭保洁	帮助员工请保洁
	钟点工	帮助员工请钟点工/保姆
	房屋装修设计	帮助员工支付装修设计费
	搬家服务	帮助员工请搬家公司与清洁卫生
家人服务	月嫂	帮助员工请专业月嫂并支付费用
	子女就学接送	安排人员接送员工子女就学
	就医接送	帮助员工接送老人就医
	老人陪护	帮助员工父母支付养老院或社区养老费
休闲娱乐	自由行/自驾游	帮助员工报团或组织自驾游，承担费用
	跟团游	支付旅行团费用

表 3-7 所述的若干场景及相关福利产品，企业可选择自行设计、制作开发，也可通过第三方福利平台或社会机构来实现。

——第四步是积分的计算、获取、兑现方式与周期设定

可参照电信运营商或商业银行信用卡积分兑换的方式，即积分

不可折现、不可转让，不设有效期，只要员工在职就永久生效，而员工一旦离职后还有剩余未兑换的积分则可设置为离职之日起30日内必须兑换，否则失效。

员工积分计算与获取周期可与企业的绩效考核周期相同，例如，企业的绩效考核周期为月度，则积分的计算与获取周期可在当期考核结束之后，即可划入员工的积分账户（虚拟账户）；有些企业则为每年四次的季度考核+年度考核的方式，那么积分计算与获取也可同步。

积分兑换通常不设时间要求，只要提出兑换申请企业即可受理；如员工兑换的福利产品为第三方平台或社会机构提供，并且需要提前预约的话，企业可在福利产品说明中做出详细介绍。

除此之外，积分兑换中还会出现一种常见的情况：员工兑换的福利产品价值高、积分多，而员工的积分账户不足。在这种情况下，如果差值不超过福利产品兑换分值的30%，就可允许员工用现金购买、补差价的方式来兑换该产品，而不是禁止兑换。例如，员工想兑换价值8000积分的老人陪护产品，但其积分账户余额只有6000分，与8000分的要求差额不足30%，那么员工可花费2000元补齐差值去兑换该产品。

为便于计算、获取积分和便于管理，无论是自行设计开发、制作的积分制福利产品，还是第三方平台或社会机构提供的福利产品，积分的分值都可采取与人民币等值的方式，即1个积分等同于1元钱。

——第五步是积分制福利满意度调查

积分制福利的满意度调查旨在掌握和评估员工对积分制福利的机制、积分计算与获取、福利产品设计、积分兑换等工作的满意度，以及员工的反馈建议等信息。通常满意度调查为每年一次，时间可以安排在每年12月中旬。在这个时间内进行积分制福利的满意度调查，能够在新年到来之前对积分制福利所涉及的规章制度与程序，以及福利产品进行调整或更新，便于在下一年度用优化后的机制与更新后的产品去更好地引导和激励员工。

第4章

目标与绩效管理

> **本章导读：**
>
> 科学合理的目标设定是成功的一半。要想抓好并实现绩效管理，前提是设定好目标，否则绩效管理要么沦为一纸空文，要么脱离现实而无法实现。但相比目标的设定，还有一个同样重要的工作需要完成：目标分解与目标转化。
>
> 在多数时候，企业制定的总体目标需要转化为各职能、各部门的目标，才能发挥引导和指针作用，让各职能、各部门去各司其职并努力实现。而财务目标、客户目标、市场目标、销售目标、管理目标等目标之间，本质上都互为因果与相互影响，尽管各部门所承担的目标类型各不相同，但最终目的都是一样的，都需要筛选或转化为本部门的工作目标才能得以实现。因此，正确、科学地分解和转化目标，是实现目标的关键举措。
>
> 绩效管理与目标管理，如同手段方法与目的的关系，本质上属于战略管理的范畴而非考核工具。任何一种绩效管理思想或绩效管理工具，都有特定的应用条件和应用范围，脱离企业实际情况，不加选择地导入，只会适得其反，难以取得预期成效。
>
> 企业需要正本清源，正确认识公司使命、公司目标和公司战略，掌握正确选择绩效管理工具的方法，更好地支撑和推动公司目标与公司战略的实现。

1. 公司使命、公司战略与公司目标的区别

使命、战略与目标三者的定义与内涵各不相同，但三者之间存在着千丝万缕的关系。弄清楚这三者的异同，对企业开展目标管理、战

略管理和绩效管理工作能起到重要的作用。

英国克兰菲尔德大学商学院、苏格兰斯特拉斯克莱德大学商学院教授，欧洲著名的战略管理学导师格里·约翰逊（Gerry Johnson）教授，曾在《战略管理》一书中对使命、目标、战略、核心能力等企业的战略管理与运营管理中常见的术语做出了准确而又形象的解释。为便于理解，我增加了"以公司为例"这一列，如表4-1所示。

表4-1 战略名词释义表

名词	定义	以个人为例	以公司为例
使命	与利益相关方期望或价值观相一致的、压倒一切的目标	拥有健康的身体、良好的身材	贡献清洁电力，点亮美好生活；创造最佳效益，构建和谐社会
愿景或战略意图	理想的未来状况：组织的愿望	参加全国模特比赛	成为管理卓越、效益一流、技术领先的清洁电厂
目标	目的或目标的一般性陈述	减肥强身	减员增效，提升管理
具体目标	对目标的具体量化或者更精确地陈述	12月31日之前减掉5kg体重并且参加明年6月举办的全国模特比赛	6月30日之前将编制压缩至240人，实现150万元/年的人均利润；降低3%的成本，实现2亿元利润
独有资源或核心能力	使其获得"竞争优势"的资源、流程和技能	住在健身中心附近，拥有家人和朋友的支持，以前有过成功的减肥经验	与院所组建博士后工作站，将光机所的16位研究员聘为专家组成员，强化研发力量
战略	长期的发展方向	加入互助性的组织（如瑜伽或跑步俱乐部），有规律地锻炼，参加当地的瑜伽或马拉松比赛，坚持合理饮食	围绕一个中心，坚持低碳发展的循环经济路线（发电煤灰制砖、循环用水、发电余热用于供热等）

续表

名词	定义	以个人为例	以公司为例
控制	对各项行动的检测： 1. 评估战略和行动的效果 2. 如必要，修改战略和（或）行动	监测体重、计算练习瑜伽和跑步的时间或千米数。如果对进展满意，则原计划保持不变；如不满意，则考虑其他方向和行动	通过NOSA（National Occupational Safety Association，南非国家职业安全协会）五星认证，两年之内导入本质安全管理并确保零事故

　　公司使命的意义是让企业着眼于未来和长远，并超越物质层面的追求，去找寻和明确存在的意义与价值，其作用是引领企业确立其基本业务定位。

　　公司目标是实现公司使命的基本举措或主要方式方法的阐述，而具体目标则是对目标的类型、细则、数量、时间节点等进行明确阐述。

　　公司战略则是公司的长期方向，以及为实现既定目标所采取的途径与手段的多种组合之描述，是长期的方向，更是步骤、方法与策略的集合，是一套涉及企业多维度、多部门的综合性与长期性的行动纲领、步骤和计划。

　　企业在创立之初，迫于生存压力，大多只能考虑当下，只会考虑营收、利润、回款等事务，而不会过多考虑使命或战略之类系统、复杂和长远的命题。而当熬过了初创期的挣扎与不确定性、开始初具规模并有了一定的实力与积累之后，通常就会开始思考未来的发展方向、长远目标与业务定位。在这个时候，公司使命的确立、公司目标与公司战略的制定工作开始提上日程。

　　换言之，短期内企业可以不考虑使命，因为不会对企业的生存构成威胁，但不能没有目标；但如果只有目标而没有战略也没有策略的话，各项经营管理活动也不会有系统性与一致性，容易出现盲目试错或"眉毛胡子一把抓"的情况。因此，从目标管理与战略管理的角度，企业需要在制定目标或战略之后，对一系列的经营管理活动及员工行为进行系统性和针对性的引导和激励，并评价各类经营管理活动是否直接或间接地发挥了推动公司实现目标或战略的作用，否则只有目标或只有战略，缺乏引导、激励与评价机制，目标与战略是不会自动实现的。这一系列的经营管理活动引导、激励与评价系统就是绩效管理体系。

2. 目标的类型与分类管理

以类型来划分，目标可分为经营目标与管理目标。经营目标与管理目标的关系是因果关系，即管理目标影响和决定了经营目标，经营目标是在多个职能和多个部门的共同作用下，通过多项管理活动去实现管理目标所综合而成的最终结果。

经营目标与管理目标是两个大的类型，进一步细化可以生成多种目标，最后都会转化为便于数据采集和考核的绩效指标，如表4-2所示。

表4-2　经营管理目标示例表（节选）

目标类型	子类目标类型	子类目标/绩效指标名称
经营目标	财务类目标	销售收入
		销售额
		交易额
		销量
		利润
		净利润
	市场类目标	市场占有率/市场份额
	客户类目标	客户数
		活跃客户数
		年度客户流失率

续表

目标类型	子类目标类型	子类目标/绩效指标名称
管理目标	研发类目标	新产品数
		新产品迭代周期
	生产制造类目标	一次合格率
		订单交付及时率
	人才管理类目标	核心人才密度
		核心人才流失率
		招聘任务完成率
		全员年度人均劳动生产率

需要特别注意的是，有些管理目标/绩效指标既是部门/岗位层面的目标，也是公司层面的目标，这会体现在有部分管理目标既有特定岗位或部门负责人来承担又有公司高层，如分管副总甚至是总经理来承担的情况。例如，对处在转型升级阶段的企业而言，招聘任务完成率或核心人才密度就需要拔高到公司层面而不仅是部门层面，既要有部门负责人来承担又要有分管副总或总经理来承担，以示其重要性。

对目标进行分类管理，有助于提高各项工作的成效，但更重要的意义在于通过对各类型目标进行穷举罗列再合并同类项之后所形成的目标清单，是对其进行实现途径、实现方法、考核与评价方法选择的重要前提。

3. 目标转化、分解细化与量化的重要性

一般情况下，企业里除了营销部门直接承担全部或部分经营目标，绝大多数部门和岗位所承担的通常都是管理目标——不同的管理目标，源自不同部门的结果输出。但是，部门的结果输出、部门目标

的完成，都需要确保最大限度地与公司经营目标之间存在强相关关系，要么是直接相关，要么是间接相关。

因此，企业在对目标进行处理并应用于绩效考核之前，还有一项非常重要的工作需要完成，即将经营目标进行分解，形成各个小里程碑或节点，再将其转化成为与各部门工作强相关的管理目标，最后再将这些管理目标做量化处理，并根据一定的原则进行筛选，最终才能形成各部门的绩效指标，以及对这些指标进行赋权。这就是绩效管理指标的制定、筛选过程，也是将公司目标或公司战略落实为部门/岗位目标与部门/岗位工作事项的关键过程。

总体上，从公司经营目标到转化成各部门/岗位的绩效指标与指标标准，并最终形成绩效管理体系的完整应用，需要经由七个步骤，并输出十项主要的成果文件，如表4-3所示。

表4-3 经营目标－管理目标－绩效指标转化七个步骤释义表

步骤名称	主要工作内容	主要工作成果
公司目标分解细化	1. 对公司目标进行分解与细化，形成分类并按时间/类型等维度罗列 2. 形成公司战略主题，明确基于公司既定目标下的战略性工作方向与重点工作事项	公司目标清单 公司战略主题及重点工作事项
公司目标量化转化	1. 对非量化目标如管理目标进行量化，形成可衡量的量化目标 2. 根据战略主题，对经营目标及市场目标进行转化，形成对管理工作与各职能工作目标的具体要求	经营目标－管理目标量化表 关键管理行为与结果列表
行为/输出－绩效指标提取	对各部门/岗位的日常工作行为与输出进行关键指标提取，形成绩效指标列表	岗位绩效指标列表

续表

步骤名称	主要工作内容	主要工作成果
绩效指标-管理目标关联验证	对各部门/岗位的日常工作行为与输出所提取的指标，与部门/岗位的管理目标进行关联性分析及验证，合并同类项并剔除弱相关/难度大的绩效指标，缩小岗位绩效指标的范围	岗位绩效指标库
绩效指标数据来源检核与调整	对已确认的岗位绩效指标库所涉及的数据来源进行检查，确保数据来源及时、完整、准确及低成本；反之则将指标剔除，用其他指标替换	岗位绩效指标库优化方案 岗位绩效指标数据来源说明
绩效指标赋值与计分规则确认	对最终确认的岗位绩效指标库进行指标标准的确定，包括各指标的权重确定、指标标准的确定、指标计分方式与计算公式确定等	岗位绩效指标权重及标准表
制定绩效管理细则与考核结果应用	根据公司目标与各部门/岗位的绩效指标，制定绩效管理手册，包括考核周期、考核标准、计分规则、数据来源等，以及考核结果如何应用于薪酬调整、岗位调整、员工培训等	绩效管理手册

上表所述的七个步骤涵盖了从公司目标的制定到绩效考核结果的应用的全过程，企业可根据自身实际情况做选择。

从我十六年的咨询经验和经历过的项目来看，之所以许多企业普遍反映绩效考核困难、流于形式或推行不下去，最重要的原因并非绩效考核工具方法的选取不当，也不完全是缺乏绩效文化或员工不配合，而是以下三个关键因素。

3.1 目标不完整，缺乏落地的实施策略与保障体系

确定了经营目标后，接下来最重要的工作就是对经营目标进行分

解、细化、转化，形成对各部门、各岗位工作目标（管理目标）与工作输出的清单，进而形成若干项重点工作，这是后续提取绩效指标的关键性前提。如果遗漏了这个关键的环节或出现差错，则通常意味着后续所有工作的出发点在一开始就出错了。这是企业反映绩效考核困难或推行不下去等常见问题的最重要的原因，也是无法完成业绩指标的原因之一。

经营目标或公司战略要如期完成，必然要建立在一系列前提及若干项工作或保障的基础之上，否则就只是一纸空文。公司经营目标或公司战略能否如期完成，从构成要素看有 5M1E 这六个要素〔Man（人）、Machine（机器）、Material（材料）、Method（方法）、Measurement（测量）、Environment（环境）〕；从实现的顺序和流程上分析，可用一段话来概括：要实现公司的经营目标，企业需要在哪些方面做出努力并取得哪些成果？需要配置多少资金/设备/技术/人员？需要对内对外的哪些方面进行组合或提升？这段话的解答过程，也就是解决从经营目标的制定到落地的策略选择及保障体系的建立与实施过程。缺少了这关键的一环，企业的经营目标就不可能实现。

3.2 眉毛胡子一把抓，指标选取不当或指标失去焦点

重视管理、重视考核不是所有指标都要考，而是抓住关键驱动因素。在诸多的绩效指标中，有些指标可以合并，有些指标可以不考核，有些指标考核之后就不必再去考核效果相近的指标。总而言之，对于指标的选取，企业应遵循以下四个基本策略和原则。

——依据完整性、相关性和适宜性原则来筛选绩效指标

首先是完整性。它是指绩效指标涵盖并体现了岗位的工作过程、工作重点及工作输出，既包括工作过程或动作，也包括工作最后所输出的结果。如果想简化，可以只选取体现工作结果或输出的指标，但这种操作方式最大的隐患是无法对过程进行控制，一旦操作方法或工作过程违规，发现时就晚了，损失或错误已经发生，尽管有些可以弥补，但这不

利于让员工养成合规意识与形成标准化作业程序的习惯。但是，如果将员工的所有工作过程都一个不少地进行考核，监督成本会极高并且会严重制约员工的主观能动性。因此，用完整性原则来选取绩效指标时，需要平衡过程性指标与结果性指标的均衡，选择最能体现岗位工作重点的指标，放弃那些重要性低的指标，无论是过程性的还是结果性的。

其次是相关性。企业里有许多工作需要多个部门共同配合及参与才能完成，但这些工作也会有归口部门、主责部门和配合部门的划分。这就意味着，某一个绩效指标在 A 部门/岗位的重要性（权重）可能与 B 部门/岗位的重要性存在明显区别，这就是相关性高低的体现。相关性原则，是指对于岗位职责或日常中会涉及但属于弱相关或不相关的工作，则不应将其作为绩效指标，否则设置了这些对岗位而言不受控的指标，会有"连坐"之嫌，也缺乏公平性。

最后是适宜性。它是指绩效指标所涉及的内容和所体现的工作，是否与公司目标及公司战略保持一致，指标是否可以通过努力来实现。例如，Z 公司 2020 年的经营目标是实现 5 亿元的销售收入和 0.5 亿元的税后净利润，而 Z 公司 2019 年的销售收入与税后净利润分别是 4 亿元和 0.25 亿元。将 2019 年与 2020 年的数据对比发现，2020 年的销售收入目标在 2019 年的基础上只提高了 25%，而税后净利润目标则在 2019 年的基础上提高了 100%。这意味着 Z 公司要实现 2020 年的经营目标，其工作重心和改善的侧重点将更多地聚焦在降本增效和提高产品附加值上——这两个关键词也可称为战略主题。要实现公司目标，需要先明确基本的战略主题，并将战略主题转化为具体的工作并最终以绩效指标的方式体现。如果未体现或体现不充分，则说明指标的适宜性有问题，需要回到表 4-3 的第一步去重新分解细化公司的目标，再根据实际情况开展下一步工作，完成战略主题的明确和绩效指标的提取工作。如此才能确保绩效指标的提取与战略主题或重点工作事项保持一致，与公司战略和公司目标高度契合，否则就是为了考核而考核，违背了绩效考核最初的目的。

——**分析指标的极性，尽量选择正态指标**

在绩效指标中有些指标是正态指标，有些指标是负态指标。例如，合格率、完成率、利润率等比率类指标，以及销售额、利润额、客户数等数量类指标都是典型的正态指标，这类绩效指标的数值都是越高越好；而成本率、残次品率、差错率等比率类指标，以及损失金额、成本额、残次品总额等数量类指标就是典型的负态指标，这类绩效指标的数值都是越低越好。

正态指标与负态指标如同硬币的两面——以成本率为例，成本率的另一面是利润率，前者越低越好而后者越高越好。之所以尽量选择正态指标，是为了便于计分规则的统一，降低计算复杂度和减少计算差错。

——**控制岗位绩效指标总数在 10 个以内**

绩效指标体现了岗位的工作内容和工作重点，通常既要兼顾过程又要兼顾结果，因此指标的数量不能过少，否则无法体现完整性。但是并非绩效指标数越多越好，因为如果指标过多，其权重就会降低，管理重心就会失焦。权重降低则意味着该指标所代表的工作过程或工作输出结果在岗位中的重要性被降低，员工做得再差也不会被扣多少分、做得再好也不会获得多少加分，绩效考核就失去了引导性和激励性。尽管可以对某些特别重要的指标采取一票否决或非对称扣分（达到或超额完成会加有限的分，达不成则会扣更多的分）的方式，但这种方式并不适用于所有的绩效指标，通常只适用于诸如安全生产、重大事故、重大违规或渎职等行为的约束。因此，从最佳实践角度，企业里的绝大多数岗位所承担的绩效指标总数一般不超过 10 个，而多数情况下在 6~10 个为宜。

——**区分阶段性/临时性重点工作，不将其纳入绩效考核的范畴**

绩效考核的考核范围和内容，是基于公司年度目标所分解、转化而形成的各战略主题及具体的工作，是常规性和日常性的。而除常规性与日常性的工作外，企业里还会有一些阶段性、临时性的工作，如设备检修、重大课题攻关等。这些工作有着明显的实效性，与常规性和日常性的工作完全不同，因此并不适宜将其纳入绩效指标库或绩效考核工作中。

对于此类阶段性、临时性的工作，最佳实践是计划单列，将其列入相关部门或岗位的专项考核当中——单独设置条件并单独考核，与绩效考核结果区分，两类考核互不干涉。

3.3 缺乏绩效考核必备的基础数据

企业从创立伊始就会生成各类数据，有经营数据也有管理数据。无论哪一种数据，都是企业经营管理工作成效的直观体现。企业既能将这些巨量的数据应用于决策，如投资管理、研发管理、生产制造管理、市场营销管理与人力资源管理，又能将这些数据应用于绩效考核。因此，对于数据的记录、整理、加工和保存，并将数据应用的范围从小数据扩展至大数据，已经成为企业在数字化时代和转型升级时期的重要任务。

在企业持续经营的过程中所生成的各类数据中，基础数据（特指未经勾稽和函数化、未经算法加工的原始数据）如果出现传递不及时、数据失真、保存不当的情况，不仅会严重影响企业的正常经营，也会导致绩效考核工作无法开展。在现实中有许多企业普遍面临绩效考核困难、流于形式或推行不下去等问题，一个重要的原因就是缺乏绩效考核必备的基础数据。

绩效管理工作在某种程度上也是数据管理和数据应用的工作，如果企业缺乏及时、准确的数据来源，那么最先需要完成的工作不是实施绩效考核，而是采集数据。

4. 绩效考核到底能解决什么

尽管绩效考核是绩效管理体系的重中之重，更是使公司目标与公司战略得以顺利实现的重要手段，但仍然有许多问题无法通过绩效考核来解决。正确地认知绩效考核的局限性与适用范围，才能更好地去应用它。

总体而言，绩效考核能解决三类问题：一是将公司目标或公司战略分解、细化与转化，落实到各岗位的日常工作中并约束、激励和评价其成效；二是用赛马取代相马，用结果和成绩来识别人才；三是提高员工积极性，通过制度设计让员工为了更高的收入去努力工作以完成目标。

绩效考核并不能让员工变得优秀，而只会让员工不得不努力变得优秀，也不能让公司目标或公司战略自动实现，而只能通过绩效考核的约束与激励作用让所有员工都往目标或战略所在的方向去靠近。因此，对于绩效考核不能解决什么，需要有理性的认知。

此外，对于绩效考核，企业有三点真相需要了解，有四个特定的适用范围需要明晰，还要掌握正确导入和应用好绩效考核的三个基本策略。

4.1 绩效考核的三个真相

——员工不一定会主动去做企业希望做的工作，而是去做企业要考核的工作

除了岗位说明书所列举的职责和领导交办的其他工作，还有许多工作无法一一罗列更无法考核，但这些无法罗列和无法考核的工作，显然不能通过绩效考核的方式强制让员工去做，如创新精神、主动学习、挑战自我等。这些内涵属于心智层面和素质层面的东西，需要依靠员工的内驱力去主动自觉地完成。如果全都将其转化为绩效指标去考核，技术上并不难实现，但是用这种绩效主义的方式去管理员工，企业的氛围、员工的感受将会变得非常糟糕——员工的积极性和主观能动性不再重要，企业要求员工做什么都由绩效考核去体现，员工只会为了应付考核而糊弄，不会去主动做企业希望员工做的工作，而是去做绩效考核要求做的工作，否则就会被处罚，自然也谈不上敬业、爱岗、爱企。而员工与企业之间的关系也将变成没有温度只有契约的交易型关系，一旦完不成考核被处罚，最常见的结果就是辞职，而不是想着如何完成目标。

如果绩效考核真的有那么大作用，那么一切经营管理问题都可以通过考核的方式来解决。但事实上有许多问题的根源不在绩效考核，而绩效考核的作用也没有那么大，所以才会需要科学决策，需要领导力、企业文化、认同感、使命感和责任心这些难以量化也难以考核的软性内涵。

绩效考核是实现管理意图的重要手段，但不是也不应成为唯一的手段。除了推行绩效考核，企业同样需要在其他方面投入足够的关注和重视，因为唯有多管齐下、软硬兼施，管理意图才能实现，既定目标才能达成。

——公司业绩或岗位业绩，不完全通过考核去实现

企业里有一些员工，即便不考核也会积极主动地去努力完成工作目标，这是其心智模式所致（如成就导向、目标导向与积极主动、担当责任等）；同样会有一些员工，就算绩效考核再科学合理，也无法完成工作目标——既可能是员工的心智模式和行为习惯问题，也可能是该工作目标或指标的难度过高，超出了员工的极限。

影响公司业绩或岗位业绩实现的因素有许多，能够完成固然有绩效考核在发挥作用，但除此之外还有一些容易被忽略的因素，如员工的使命感、责任心、目标导向、创新精神等。这些难以量化、难以考核的素质，往往是决定业绩是否能够完成的关键，企业应该努力去激活和培育员工养成这些良好的心智模式与行为习惯，而非只把注意力集中在绩效考核上。尤其是对于正处于转型升级大时代背景下的企业而言，智力密集型和人才密集型企业的员工激励与考核方式，都需要进行变革；不仅传统的激励方式与绩效考核方式需要调整，如何通过多种方式去激发员工的创造性和积极性，让激励方式与考核方式更符合时代要求、更符合企业的现状，是所有中国企业必须思考的课题。

——**绩效激励力度达到一定程度之后，其效用就会递减**

任何一种激励方式都有局限性，任何一种激励方式都有极限，绩效考核亦不例外。从应用的角度，绩效考核结果最常见的应用范围主要集中在奖金、工资、晋升等物质和职位层面，涵盖了绝大多数员工的需求，很管用而且效果很好。但是当绩效激励达到一个临界值之后，力度再往上或往下（负激励，如减薪降职等）的效果就会减弱，经济学上称为边际效用递减。

通俗的说法就是：当员工的收入达到或接近上限的水平之后，再大的激励力度也不会产生与之前相同的效果，只会使投入与收益的比率降低；当员工的收入达到或接近下限的水平（心理接受的下限）之后，再大的负激励也不会让员工迫于压力去奋起直追，只会让员工"破罐破摔"。无论正激励还是负激励，只能在一定的范围内发挥作用，企业需要谨慎评估绩效考核的激励效果是否在有效范围之内，并避免超范围使用。

4.2 绩效考核结果的应用范围

绩效考核是实现公司目标或公司战略的重要途径，也是实现企业管理意图的重要手段，在应用时主要集中在如下三个方面。

——**应用于价值分配**

价值分配是指对所创造出的价值根据组织或个体的贡献度进行甄

别，再依据既定的标准或规则进行分配。通俗的解释就是根据岗位所创造价值的高低来论功行赏，这是绩效考核最广泛也是最常见的应用。

应用于价值评价通常会以绩效考核成绩为重要依据，并结合岗位的类型、职级与创造价值的高低进行综合考量后再制定分配方案。在与绩效考核成绩强相关的收入中，通常绩效工资/奖金与年终奖是体现价值分配最充分的收入结构；此外，还有一种与岗位绩效考核有关联（通常以系数方式体现），但更多的与公司经营业绩挂钩的收入是年终效益奖，除分管营销的副总及总经理，这类收入不完全体现岗位的价值创造水平。

需要注意的是，价值并不仅是狭义的收入或利润，还包括其他被认定为有价值或高价值的行为、活动及相关结果，如研发成果、新技术储备、新产品开发等，这些高价值的成果通常不会在短期内折现，但从中长期看却具有极高的价值甚至能够决定企业未来的生存状态，尤其对技术密集型和创新型企业而言，科技、研发、创新的价值甚至排在短期经济价值之上。因此，企业在做价值分配时，应避免将价值的定义狭义化和单一化，对不直接创造经济价值和短期价值的岗位应给予足够的肯定。

——提高薪酬成本的弹性

在本书第三章中曾介绍了战略性薪酬福利的构成（表3-1），阐述了企业在进行薪酬福利设计时，通常都会设置3~4种薪酬结构项，如最常见的基本工资、绩效工资/奖金、岗位津贴/补贴、公司效益奖。其中，绩效工资/奖金是弹性收入，其多寡与岗位的绩效考核成绩直接相关；公司效益奖虽然与岗位绩效考核的成绩并不直接相关，但会影响公司效益奖的分配系数，并且公司效益奖并非刚性成本，只有达成或超额达成目标才会支付，未达成则不必支付而员工也不会有抱怨，因此也具有较大的弹性。

通过设计包括绩效工资/奖金及其他变动收入在内的结构项,并控制好固浮比(固定/变动收入占总收入的比重),就能发挥激励员工创造佳绩并提高薪酬成本弹性的作用。至于薪酬固浮比的标准,企业可结合业务属性和部门类型以及职位等级的高低进行设计,有兴趣的读者朋友们,也可翻阅我早些年出版的《资深人力资源管理顾问全模块解析》,该书中有详细阐述固浮比的内容。

——**薪酬调整、岗位异动和员工培训**

绩效考核工作的结束是岗位异动管理、薪酬管理和员工培训工作的开始。

绩效考核结果出来之后,除首先应用于绩效工资/奖金的分配外,在那些已经建立健全了岗位异动管理、薪酬动态管理和员工培训管理体系的企业里,还会进入后续的其他关联应用——根据某个阶段内岗位员工的绩效考核成绩,结合人才管理政策、薪酬调整政策及员工培训政策,评估是否对其进行调薪、调岗或带薪参训。

之所以要扩展绩效考核结果的应用范围,是因为考核不是目的,让员工有动力、有约束地去创造佳绩才是目的,但对于那些无法完成业绩目标的员工,企业不可能将其简单粗暴地淘汰,而是适度处罚以帮助他们调整和改善。如降职降薪以示惩罚;调换岗位,让真正适合的人顶上;重新学习培训,提高业务水平,为创造佳绩夯实基础。

绩效考核成绩应用于薪酬调整,需要企业在薪酬福利管理体系中进行相应的设计和说明;应用于岗位调整,需要在岗位管理或任职资格管理体系中加以明确;应用于学习培训,需要构建起系统的员工培训管理体系。有条件的企业应该完全扩展、充分应用,条件不足的企业,应该先在薪酬福利管理政策和绩效管理政策中做出明确的说明。

4.3 导入并用好绩效考核的三个策略

绩效管理体系的重要性毋庸置疑，绩效考核的意义也不容忽视，但并不意味着企业可以在基础不扎实、条件不成熟的情况下去导入。要想顺利导入并成功实施绩效考核乃至完整的绩效管理体系，企业需要在此之前完成基本规章制度的建立、底层数据的采集及基本目标管理体系的构建。但是，要把绩效考核工作做到实处，还需要掌握以下三个基本策略。

——在薪酬结构中设计绩效工资／奖金的科目，提前预留端口

绩效考核是人力资源管理中最重要也是最广泛的应用。对于应用于薪酬设计领域而言，如果员工的业绩好坏不能充分地体现在收入上，那么绩效考核与绩效管理工作的成效将会大打折扣。只有将适度的压力传导至员工身上，才能更好地激励员工去创造佳绩，但这需要企业在设计薪酬结构时，提前预留出变动部分收入的相关科目，并将其与绩效考核挂钩。此外，从最佳实践角度，绩效工资／奖金占员工总收入的比重应该在20%～50%这个范围比较合适，高出这个范围，员工的稳定性会降低，低于这个范围，不仅企业的薪酬成本过于刚性，员工也不会有动机和动力去创造佳绩，而绩效考核也就失去了意义。

现实情况是，有许多企业在设计薪酬福利时，未将变动部分的收入进行通盘考量，其薪酬刚性过高、没有弹性，如果要在此情况下导入绩效考核，通常只能在增量部分收入上进行设计，即不动存量而是将新增的增量部分收入视为变动收入也就是绩效工资／奖金。这种处理方式的优点是不会对员工当前的收入产生影响，实施推进的难度小且增量部分的实际支出通常都会小于预估的支出（因为通常很少会有员工拿到足额甚至超额的绩效工资／奖金，还会有相当多员工被扣除一部分甚至是全额扣除绩效工资／奖

金）；缺点是会增加企业的薪酬成本，而且通常都要以薪酬调整为契机，不容易单独导入。

还有一种处理方法是将原有的"旱涝保收"的刚性薪酬中，切出一部分作为变动部分的绩效工资/奖金，再通过设计相应的考核指标和计算系数，将刚性的薪酬成本适度调整为固定与变动收入并存的薪酬。其中，变动部分收入就是绩效工资/奖金，将与个人业绩水平挂钩。

这种处理方式的优点是无须企业额外增加成本（甚至能降低部分薪酬成本）；缺点是会让员工有"变相降薪"的感受，实施推行的难度大，容易招致员工的抵触，同时，在固浮比的设定上还不能一刀切，需要充分考虑员工的职位高低、收入高低及职位序列的特点。

两种方案没有绝对的好坏之分，对员工有利、推进难度小的方案，对企业而言可能意味着增大成本压力；而员工抵触、推进难度大的方案，对企业而言可能会降低成本，选择哪一种方案还需要充分考虑企业的实际情况。当然，也可以采取一个折中的方案，即"存量微调＋增量微调"的解决方案——切出员工原有薪酬中的一小部分（通常是 10%～20%）作为变动部分的绩效工资/奖金，再增加与这 10%～20% 等额的增量部分收入，两者合并起来作为绩效工资/奖金的基数。这种折中的解决方案既考虑了员工的感受和实施推进的难度，又兼顾了企业的成本压力。

无论采取增量对接绩效工资/奖金的方式还是存量切割对接绩效工资/奖金的方式，抑或是存量＋增量对应绩效工资/奖金的方式，都是对绩效工资/奖金的额度进行设计，在操作时还需要设计绩效工资/奖金的系数——系数是绩效考核得分的直观体现，员工绩效考核系数的高低将会直接关系绩效工资/奖金的实际到手金额，如表 4-4 所示。一般而言，对于系数的设定可采取阶梯分布的方式。

表 4-4　绩效工资/奖金系数释义表

绩效考核得分	绩效工资/奖金系数	备注
<60 分	0	员工的技能与岗位基本要求相去甚远，理应扣除所有绩效工资/奖金
60~70 分	0.6	虽不理想但也能接受，属于及格的范围
71~80 分	0.7	
81~90 分	0.8	
91~100 分	1	员工基本达到了绩效考核的要求，企业可按1.0 系数进行绩效工资/奖金的发放
101~110 分	1.2	员工超额完成了绩效考核的要求（在某些方面有加分项或超分项），因此可根据实际得分给予超额系数的绩效工资/奖金
>110 分	1.3	

备注：表 4-4 所述的系数，企业可根据实际情况进行调整；同时，对于绩效考核之外的某些特殊要求，如安全生产/违法违纪等触碰红线的行为，企业可采取一票否决的方式，即扣除所有绩效工资/奖金，并给予更严厉的处罚甚至追究法律责任。

——选择试点再择机扩大至全公司全岗位

如果企业此前从未导入绩效考核，那么就不宜用一步到位的方式去导入。绩效考核体系的建立与实施，本质上也是一次触及员工灵魂和利益的改革。任何改革都会有风险，任何改革都会有许多问题需要解决，也会有许多困难需要克服。

从稳健、受控的角度考虑，推行绩效考核通常应当先选择试点，等试点结束之后对试点过程中所发现的问题或不足进行优化，成熟之后再扩大至全公司。试点的范围以部门划分的话，通常最适合销售、生产、供应链等部门，而工作量化难度大、工作成果不易观测的人力、财务、法务、行政、研发设计等部门放在最后一批实施会比较稳妥；试点的职位以职级高低划分的话，通常最适合中高层管理者，如部门经理、总监与副总，因为试点对象有了一定职级之后，实施绩效考核会得到更多的重视，并且协调资源、获取绩效考核相关的数据也会更容易一些。试点的周期通常最短 3 个月、最长不超过 6 个月，因为这个试点周期已经足够企业去发现问题、积累经验并找出不足，尤其是对绩效指标的设定、考核所需数据来源的检核与校验。

——不盲目不跟风，选择简单易行的绩效管理工具方法

任何一种绩效管理工具都会有缺点和适用条件、适用范围，没有所谓的完美、先进的评价标准，只有适用与否的评价标准。

越"先进"的绩效管理工具，对应用环境和操作人员素质和技能的要求越高，例如，最近几年从互联网公司开始流行的 OKR（Objectives and Key Results，目标与关键成果法）；相比之下，二十多年前就已经出现并广泛应用的 KPI（Key Performance Indicator，关键绩效指标），至今仍然在大多数企业的绩效考核里发挥着重要作用（严格意义上说，KPI 并不是一个绩效考核方法，而是关键绩效指标的英文缩写；所有绩效考核工具里的指标都是 KPI，具体下文会谈及）。

在一个企业里也并非只能存在一种绩效考核方式，也可以多种绩效考核方式并存——考核难度小、量化容易、考核所需的数据真实有效且成本低的部门和岗位，可以用简单的考核工具；而考核难度大、量化困难、考核所需的数据获取难度大且成本高的部门和岗位，可以用复杂的考核工具。因为任何管理行为、任何管理方法都会产生成本，复杂的业务活动、复杂的工作需要复杂的评价方法，自然管理成本也会更高，所以，企业不可盲目跟风去追逐那些听起来先进、某些独角兽公司用得很好的绩效管理工具方法，而应因地制宜、因企制宜、因人制宜，选择简单易行的考核工具。

5. 主流绩效考核工具方法的优缺点与适用范围

目前主流的绩效考核工具方法有四种，一是上文谈及的 KPI；二

是 360°考核；三是 BSC；四是 OKR。这四种考核工具方法的优缺点及适用范围如下。

5.1 KPI 的优缺点与适用范围

KPI 是将关键行为所产生的关键结果进行细化和提取所形成的关键指标。KPI 既包括财务指标、市场指标和客户指标，也包括管理指标。因此，实际上 KPI 是所有不同类别的关键指标的统称，而不能算是严格意义上的绩效考核方法。

不同的关键指标之间有些是对应关系（销售额和利润额指标都是企业销售业绩的体现，但侧重点不同，可以只择其一也可都选择），有些是因果关系（如客户数指标影响销售额指标，销量指标影响销售额指标）；有些指标的获取难度高、及时性低，有些指标的获取难度低、及时性高。因此，企业在实际操作时，往往会选择那些获取难度低、及时性高的指标作为关键绩效指标，而不会对所有的指标都进行提取与考核。

除此之外，KPI 如果不加分类和筛选，会让企业的经营管理工作失去重心，不利于抓住主要矛盾。而 KPI 是底层化、基础化的一种方式，无法让企业对多个 KPI 进行分类管理，企业只能依靠经验来对其分类并从中选取若干 KPI 来进行考核。简言之，KPI 是对关键行为和关键结果进行数值化的转化，无法根据科学的评价、分类和遴选标准做出选择或提供参照，让企业能够简单直接地对其进行结构化的区分。

5.2 360°考核的优缺点与适用范围

360°考核丰富了考核主体，旨在从多个主体去评价被考核者的业绩表现，但并不适合绩效考核，而更适合晋升评价。

360°考核的出发点是通过丰富考核主体的方式，从直接上级的单一主体评价扩展为直接上级、相关平级、直接下级和外部客户（与本岗位工作强相关的外部客户）这四个360°全方位无死角的主体来对被考核者进行评价。这种360°考核的方式，能够最大限度地消除过于片面、主观性强和徇私等情况的发生。

但是，只有直接上级能够对被考核者的工作职责和工作输出有着清晰、完整的认知，而下级与平级对此未必了解，更遑论外部客户。因此，即便是经验丰富的考核者，在开展评价时也会不可避免地出现一定的偏差或失真。并且，360°考核最大的隐患在于：被考核者为了能拿到高分或通过考核，会存在放弃岗位原则、降低工作标准以讨好或取悦下级、平级的风险；至于外部客户，他们并不真正了解被考核者的实际工作内容，同时由于分属两个不同的利益主体，其评价不可避免地会受身份和利益的影响而有失偏颇，进而导致最终结果与初衷背道而驰的情况出现。

如果一定要用360°考核作为绩效考核的工具方法，那么无争议的数据、客观量化的指标、淡化或减少定性评价的指标数量，都是决定360°考核是否有效的关键因素。

鉴于360°考核的设计初衷与缺点，尽管有许多企业会将其作为绩效考核的工具，但实质上360°这种考核方法更适合应用于岗位的晋升或调岗——晋升需要考察被考核者的管理水平和领导水平，以及与各部门的协作水平，当然不能只考核工作业绩，还需要综合考量被考核者的组织协调能力、管理能力、计划统筹能力，以及外部客户对被考核者的工作能力、服务能力的感受，但这些内容不会体现在被考核者过往的KPI当中，因此需要从多个主体、多个维度进行综合考量，而360°考核恰恰能够很好地达到这个目的。

5.3 BSC 的优缺点与适用范围

诺顿和卡普兰发明的 BSC（Balanced Score Card，平衡记分卡），其初衷是解决公司战略的落地实施问题，打通从战略到战术、目标到方法的断层，本质上是一种管理思想，也是一种战略管理与目标管理工具，但在企业界却经常被应用于绩效考核。

BSC 将公司战略与目标的实现过程和主要举措划分成四个象限，即财务维度、客户维度、内部运作维度和学习发展维度。这四个维度的逻辑关系是：学习发展维度决定内部运作维度，内部运作维度决定客户维度，客户维度决定财务维度。这四个维度都兼顾，并且在经营管理过程中进行动态调整和动态平衡，才能让公司战略与目标得以顺利实现，如图 4-1 所示。

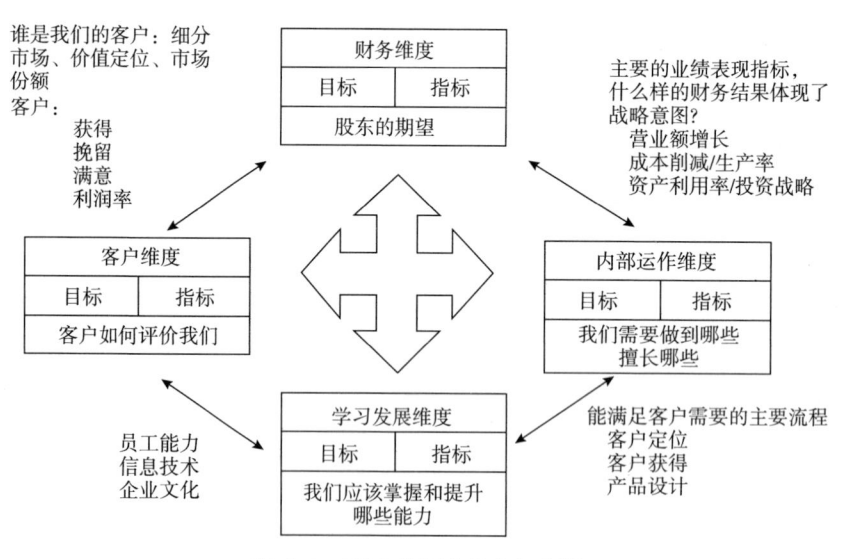

图 4-1 BSC 的四个维度与内涵

基于 BSC 的管理思想，能够转化为相应的战略地图，如图 4-2 所示。

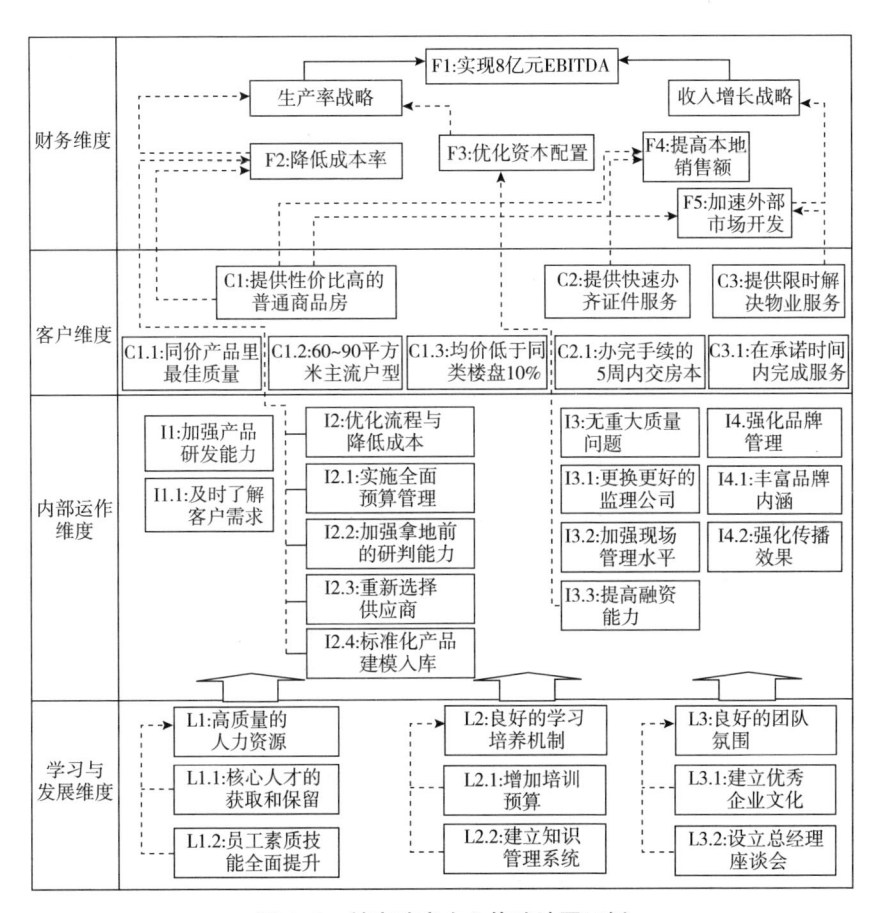

图 4-2 某房地产企业战略地图示例

在上文中曾谈及，BSC 能够打通战略到战术、目标到方法的断层，本质上是一个战略与目标管理工具，而图 4-2 就是一个典型的从战略到战术、从目标到方法的直观体现，即由 BSC 的管理思想所衍生出的战略地图。战略地图能够将公司战略或目标进行结构化的分解，形成公司的战略主题并落实到财务维度、客户维度、内部运作维度与学习发展维度的相关重点工作目标及事项中，在企业现状到目标、战术到战略之间绘制出一个完整的路线图，能够帮助企业按图索骥，去布置和开展各项工作，确保达成既定战略或公司目标。

这四个维度当中的所有重点工作或任务，都可设计成为相应的指标即 KPI。因此，与其说 BSC 是一种绩效考核工具，不如说它是一种管理思想和目标管理与战略管理的模板——通过 BSC 的管理思想与模板，帮助企业明确基于既定战略或目标，企业各部门的工作重点和需要改善与提升的方面，并提取出相应的 KPI 落实到日常工作中且用于考核及评价，让公司战略和公司目标与战术和行为之间变得逻辑严谨、有章可循，并易于评价和管理，确保战略和目标得以实现。

但是，BSC 需要对公司战略和目标进行结构化的分解与转化，对企业的基础管理以及员工素质和技能的要求较高，其最困难的地方在于如何将既定的公司战略或目标明确为战略主题，以及如何将主题分解并细化为相应的行为或应对举措，并将这些行为或举措转为 KPI。

相比起直接细化到最底层指标的 KPI，尽管 BSC 的实施需要企业做好大量的基础工作，对相关人员的专业知识和技能要求也较高，但总体上仍然是一个行之有效的战略与目标管理、绩效管理思路和管理工具。BSC 最突出的优点是能够让企业找出重点工作目标以及需要掌握和提升的方面，并且能确保这些需要掌握和提升的方面紧扣战略主题，始终围绕公司战略或目标，而不会出现不聚焦或脱离目标的情况，因此，BSC 一经推出很快就被诸多五百强企业应用，并取得了良好的成效。在国内也很早就开始为许多企业所应用，虽然在应用的过程中出现了许多问题，但瑕不掩瑜——BSC 的思想与逻辑经得起推敲，用不好的原因更多还是企业的基础管理不扎实、应用条件不成熟或缺乏专业的操作人员。因此，正在为绩效考核而苦恼的中小企业，不妨加速夯实管理基础，创造条件去尽快应用 BSC。

5.4 OKR 的优缺点与适用范围

OKR 是 Objectives and Key Results（目标与关键成果法）的英文首字母缩写，是一套分类、分解、确立和跟踪目标的管理哲学与管理方法，其初衷是用于评价难以目测和评价的智力密集型员工的工作成果，将其拆分为目标和关键结果，使其可视化、可衡量，降低了评价难度。最早是硅谷的风险投资家、Google公司的执行董事John Doerr在1999年把OKR引入了Google公司，并且取得了良好的效果。此后，国内的许多互联网公司和高科技公司也纷纷效仿Google，开始学习和实施OKR，是国内第一批率先尝试OKR的企业。OKR的框架如图4-3所示。

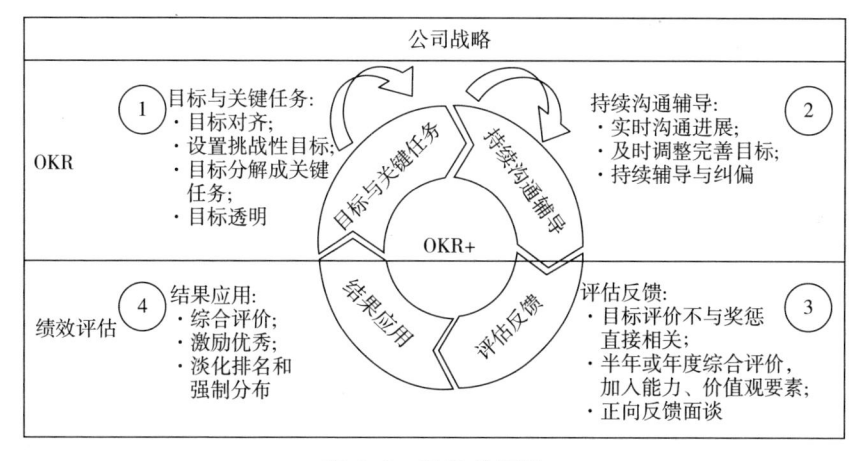

图 4-3　OKR的框架

从图4-3中可以看出，OKR其实是在经典的目标管理理论的基础上丰富了目标管理的维度，扩展出了目标分解、目标转化、目标与任务、过程控制、辅导与支持反馈、评估与面谈的内涵。但为什么OKR能很好地用在高科技行业的巨头Google里？为什么许多人才密集型与技术密集型企业常用OKR而传统行业却很少用？原因很简单——除了跟风，脱胎于德鲁克目标管理思想、由卡普兰和诺顿发明的BSC有一定的局限性。其中，最大的局限是BSC模型里的任何一个维度，都不完全适用于知识密集型与人才密集型的行业，例如，高科技、软件、互联网公司（尽管互联网公司其实并不算是严格意义上的高科技公司）——这些公司的业务性质和跨界属性，决定了它们的工作里都具备创造性、融合性、不可视性、难以量化和模糊性的特点，而且许多难以观察和难以衡量的研发与创新工作无法用量化的KPI去衡量。

同时，由于没有先例可供参考与借鉴，所以，脱胎于工业时代、传统的目标管理方法或框架不容易去评价新经济或创新型、人才密集型与技术密集型企业里的员工工作情况（其实也可以做到，但是需要对BSC的四个维度中的内容进行扩大）。

留心的读者会发现，其实OKR一点也不神秘，不过是目标管理、项目管理、里程碑管理和KPI的集合。的确，OKR的核心思想就是将难以量化、难以观察的目标分解，形成KR（Key Results，关键结果，也称里程碑），再结合传统的KPI考核、依据不同的考核标准而开展的一种绩效管理方式。所以，根据OKR的起源和设计理念以及考核方法与途径，OKR不仅适用于互联网公司、高科技公司，同样适用于传统行业里的研发与创新部门/岗位，因为这些传统行业里的研发与创新部门或岗位的工作性质与互联网公司里从事研发、创新与跨界融合的岗位非常相似。甚至可以将OKR的管理思想与应用，扩大到所有知识工作者以及所有项目型运作的岗位的绩效考核。当然，对于传统行业的非研发、非设计、非创新、非项目型运作方式的岗位，同样可以采用OKR法。

但是，OKR也并不是所有企业都适合应用。在导入OKR时仍然需要对公司战略、公司目标进行分解和转化，这个过程对企业的管理基础、底层数据支持以及操作人员的专业技能和素质都有较高的要求。因此，通常OKR并不适合规模太小或缺乏足够专业人士的中小企业去应用；中小企业把KPI或BSC用好就足以解决问题，不必跟风或追求所谓的"先进"。

综上所述，KPI、360°考核、BSC、OKR等管理思想与管理工具，本质上并无好坏或先进落后之分，关键取决于企业的所在行业、绩效考核的对象，以及企业的基础管理是否扎实、是否有足够的经营管理数据积累。

一个绩效管理工具解决不了绩效不佳的问题。影响公司绩效与个人绩效的真正原因，并不是是否掌握了"先进"的工具方法，而是这个公司是否有完整的目标管理体系，是否具备合格的管理者，是否具备实施绩效管理的土壤。

第 5 章

员工培训与开发

> **本章导读：**
>
> 　　严格意义上说，培训既有维持性（通过考试后持证／达标上岗，或定期更新知识与技能）的作用，又有增值性（个人业绩的提升）的作用，但本质上培训也算是一项投资。然而，如何让这笔投资不被浪费、如何让这笔投资产生最大化的收益，却是一个涉及许多策略和操作细节的课题。
>
> 　　既然是投资，规范的做法是先立项，然后做需求分析、组织与资源评估、项目规划与方案策划、年度预算和计划编制、项目准备与启动实施，最后做效果评估，形成一个完整的闭环。
>
> 　　培训是最大的福利，也是回报率最高的投资！尤其是对于缺钱、缺人才、缺技术的中小企业而言，员工培训就是人才的内部开发最重要的保障体系！因此，对员工培训与开发仅重视还不够，还需要做好充分的准备，让培训成为一项真正成功的投资，从而为企业健康、可持续发展提供坚实的人才保障。

1. 正确认识员工培训的价值与意义

　　企业的经营问题与管理问题，本质上可以归结为资源型问题与能力型问题。资源型问题是指因资源匮乏而导致的问题，例如资金不足、核心技术不足、高精尖人才短缺等；而能力型问题则是指企业组织的总体效能或员工个体的业务技能不足所导致的问题，例如经营管理水平低下、员工业务技能不达标等。

　　尽管企业所面临的资源型问题和能力型问题在一定程度上可以通过互补的方式来缓解，即资源不足能力补、能力不足资源补，但并不是所有的资源型问题与能力型问题都可以通过这种方式来解决。例如，核心技术就无法通过购买的方式来获取，也很难在短时间内用提升研发人员技能的方式来解决。同样，也不是所有的能力型问题都能靠资源来解决，尽管资源的多寡会直接影响能力的高低，但有许多能力的形成需要时间的积累和沉淀，而不总是靠加大资源投入就能解决。

员工培训的价值和意义，最主要就表现在解决企业面临的能力型问题上。尤其是在与大公司或头部公司争夺人才的竞争中不占优势的中小企业，员工培训的意义甚至关系企业未来的可持续发展。

2. 员工培训的能与不能

尽管已有越来越多的企业更加重视员工培训，并且也在员工培训方面投入更多的资源和精力，但如果让公司高层和人力资源经理对员工培训的成效做评价的话，恐怕结果就不那么乐观了。

员工培训从一开始就被寄予了太多的期待，许多企业都认为只要加大培训投入、找名师，就能解决员工忠诚度、胜任力或敬业度的问题，但事实上员工培训没有那么大的作用，它无法实现本应属于领导力、企业文化、企业实力范围内的功能，如同管理技术永远无法取代管理艺术一样——应该理性对待员工培训，无论是企业还是培训讲师。

那么，员工培训到底能解决什么、不能解决什么？

员工培训的主要目的有三点：其一是提高员工的业务技能；其二是加强员工对企业文化、规章制度与企业历史的理解及认同；其三是提高员工对新业务、新产品的熟悉程度。这三种不同的目的，最终都是为了实现业绩的提升、人岗匹配度与胜任力的提高，以及员工流失率的降低。但是，从实际效果来看，员工培训往往只能实现员工知识的丰富、技能与方法的提高或改善，而很难改变员工的心智模式，也很难改变员工固有的价值观。

从表面上看，影响员工业绩的是知识与技能，但如果深入分析的话就会发现，员工业绩乃至员工在职业生涯中所获得的成就，其实与学历、知识和技能并没有多少关系，最重要的影响要素是职业素养和习惯，如责任心、目标导向等。问题在于，素质教育的缺失及高校扩招导致毕业生质量的整体下降，使得整个社会培养了一大批高学历、低能力的劳动力，而本应由家长和学校承担的素质教育、人格教育及职业教育的责任全都压到了企业头上，最终还是要由企业来为此买单——但是，有些单企业不能买也买不了，比如对员工在知识、方法与技能之外的素质类、认知类培训（如责任心、上进心、目标导向等），这就不是员工培训所能够解决的问题。

了解了员工培训的能与不能，企业才可以更好地调整人力资源政策，从员工入职阶段开始介入去控制人力资源质量，而不是在员工入职后再去提升员工的质量；同时，企业应该理性看待员工培训，不对员工培训寄予不切实际的期望，不做或少做那些无法帮助员工达到岗位目标或公司目标的培训。

3. 培训由始至终的八个步骤全过程解析

一个完整的员工培训，无论是项目制还是流程型运作方式，都会经由八个步骤并输出若干项成果。企业可按下文所述的八个步骤走完一个完整的流程，也可结合实际情况选择性地跳过某些步骤。

3.1 培训需求分析

培训需求分析是开展员工培训的关键性的第一步，这一步骤是后续所有培训工作的起点，也是决定培训成效的关键。培训需求分析的目的在于问题识别与需求澄清，将员工的能力提升聚焦在公司战略或公司目标所要求的能力要求范围之内，确保提供的培训主题或培训课程始终紧扣公司战略与公司目标的要求，或立足于岗位的任职资格与知识和技能要求，从而避免无差别的培训或培训主题与课程安排偏离企业实际情况。

培训需求分析有两个切入点，其一为相对静态、立足岗位的任职资格；其二为相对动态、立足公司经营目标与管理目标。选择哪个切入点都可以，但需要充分考虑企业的行业因素、发展阶段和管理水平。

——相对静态、立足岗位任职资格的需求分析之重点与适用条件

选择这个切入点来开展需求分析，需要企业先建立起相对完整、规范的任职资格管理体系，至少应该涵盖关键的职位序列与核心岗位。同时，企业还需要完成测评方案并构建起评价量表、模型或评估工具。因为只有明确了任职资格并掌握了相关测评工具或模型的操作方法，并实现了知识、技能与素质的分类分级之后，才能确定各岗位需要具备何种技能以及掌握这些技能的程度——用岗位的任职资格要求"减去"在岗者的任职资格现状，所得出的差值（短板）即是岗位的培训目标。

在根据岗位的任职资格要求与在岗者的任职资格现状的对比找出差值之后，还需要对这些差值进行进一步的整理，通过合并同类项、归因分析等方法找出关键驱动因素后，才会缩小能力提升的范围，形成更加精确的能力提升清单。最后，就需要在能力提升清单的基础上进行相应的提炼和转化，形成培训课件的框架和大致的课程目录，为后续的课程开发或选择外部讲师提供依据。因为无论是内部讲师还是外部讲师，通常任意一门课程都不会只涉及一个单一的知识点，而是会涵盖多个强相关的知识点，将其进一步地细分既不必要也会浪费时间。例如，销售能力其实是一个统称，如果对其进行更加细致的划分，至少可以分解成沟通谈判能力、客户服务能力、市场开发能力、关系

建立能力这四个子项能力。如果将销售能力拆分到底层的子项能力，授课时会受很大的制约，教学效果和学习效果都会大打折扣，不利于融会贯通。因此，企业在将能力提升清单提炼和转化为课程名称与课程目录时，需要避免颗粒度过细的情况发生。

此种需求分析的切入点，更适合公司战略比较明确、运营相对稳定且在短期内没有较大变化、员工素质和技能比较高并且已经建立健全了任职资格管理体系的企业。但是考虑到任职资格管理是人力资源管理领域里的高阶应用，多数大企业都没有导入，而中小企业就可以简化处理，即只对核心岗位进行基本的任职资格体系建设并抓住重点，如核心素质、专业资质等关键项。

——相对动态、立足公司经营目标与管理目标的需求分析之重点与适用条件

选择以公司经营目标与管理目标作为切入点来开展需求分析，需要企业将公司战略、经营目标或管理目标进行分类、分解和转化，推导并得出对公司的核心能力要求，并将公司的核心能力要求落实到各部门与各岗位，从而得到各部门与各岗位的能力提升范围。

选择此种切入点开展需求分析，最关键的环节是将公司战略、经营目标或管理目标的要求转化为核心能力的要求，这个环节的工作会涉及四个步骤，如图5-1所示。

公司战略、经营/管理目标分解	战略路径分析确定	能力提升范围确定	能力提升目标确定与计划
公司想要实现什么？为达到目标，需要具备或提升哪些核心能力？	公司是侧重增长战略还是生产率战略或混合战略？不同战略路径下的核心能力有哪些组合？	识别资源型问题与能力型问题 对核心能力进行相关性与重要性判断并确定关键的几项	要具备和提升核心能力，什么类型的课程与频次为宜？以半年为节点进行规划 公司的人财物匹配计划

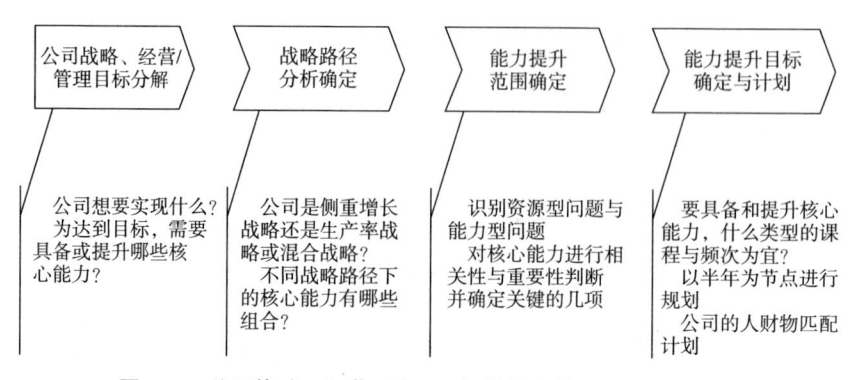

图5-1 公司战略、经营/管理目标转化为核心能力的流程图

选择此种切入点做需求分析时需要注意如下三个方面。

——**确认是公司战略、经营目标还是管理目标**

首先，公司战略通常包含文本与数字，文本部分需要进一步分解和转化，而经营目标多为数字，也需要转化为资源目标与能力目标；其次，管理目标通常不易量化，需要分解和转化为对应的能力目标；最后，能力提升通常不够具体也未定级，需要对战略/目标与核心能力进行相关性确认，即确定哪些核心能力将会直接影响公司战略、经营目标或管理目标的实现。

——**确认是否可以量化**

虽然企业的经营目标比较直观但也需要分类，如销售额、利润额、市场份额、成本率、成本额等，每个目标所隐含的假设和导向都不一样，需要企业加以识别并做出重要性的排序；其次，管理目标通常不易量化，在量化前还需要分类，有条件的话最好再进行分级。

量化的目的是观测和评价，以及作为投入资源多寡的重要依据；如果不量化，那么就只能知道大体方向是对的，而无从判断到底要投入多少、需要做到什么程度。如果条件不足，不量化也可以，因为方向远比距离重要，只要方向对了就一定能有效果，投入的多少和效果的大小反而不那么重要。

——**确认是全员通用的能力还是序列/部门/岗位专有的核心能力**

一般而言，对于全员通用的能力更适合作为常规型、流程型的培训来开展，例如制订好培训计划、每年定期举办若干次，既可覆盖新员工又可以让老员工定期"回炉再造"（如联想的入模子培训）；而序列/部门/岗位专有的核心能力，通常更适合作为项目型培训来制订培训计划。序列/部门/岗位专有的核心能力并非一成不变，往往都会伴随着企业的业务战略和新产品开发战略而动态调整，其变化、迭代的频次远高于全员通用的能力。因此，将其作为项目来进行统筹安排会更加合理，也更有利于控制培训成本，实现精准的定向培训。

3.2 培训规划

在完成培训需求分析工作之后就需要做培训规划，培训规划是基于既定的公司战略或经营目标/管理目标，结合人员盘点或参训员工的任职资格现状所展开的 What 与 How 这个层面的统筹性工作，总共涉及以下七个方面。

——确定培训目标

培训目标的确定是完成需求分析后最关键的节点，需要注意的是培训目标不是最终目标，而是通过培训能力提升目标；只不过，公司目标的实现是通过培训来实现能力提升，进而促进公司目标的实现，如图 5-2 所示。

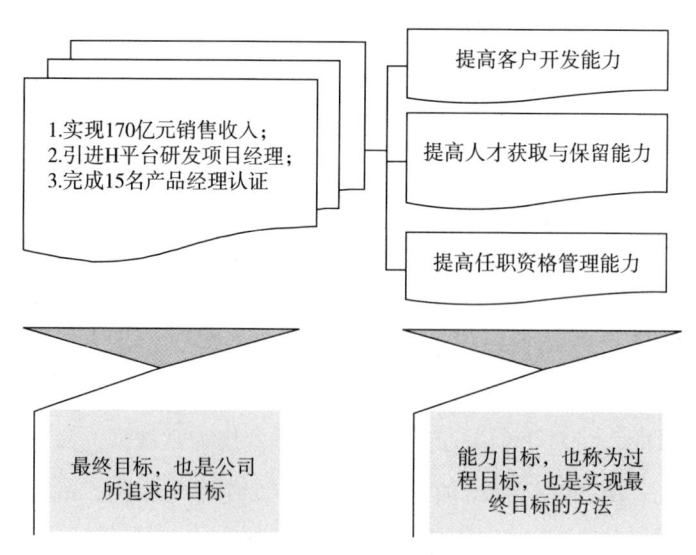

图 5-2　公司战略、经营/管理目标与能力目标示例图

培训目标的确定需要结构化，首先是各目标之间遵循 MECE（Mutually Exclusive Collectively Exhaustive，相互独立，完全穷尽）原则；其次是避免目标过多，通常一个培训项目或在一个培训周期内，培

训目标不宜超过三个；最后是剔除资源型目标，只保留能力型目标，确保通过能力提升即可实现。

——确定培训主题

通常培训主题需要针对能力目标如何转换的形式和方法，本步骤需要结合实际情况来确定主题的范围。培训主题的确定相当于对培训需求进行整理、归类和命名，从而最终确定培训主题的名称。

确定培训主题有两种基本方法，一为直接法；二为间接法。直接法是直接将确认后的培训需求作为培训主题，通常适合明确的、无争议的或无须再次转化的需求，如质量控制能力/质量管理能力培训。间接法则需要对培训需求做出合并同类项后再转化为培训主题，通常适合复杂的、多因素的需求，并且需要做相关性与重要性的识别，如销售能力培训、客户开发能力培训、市场拓展能力培训等，这些培训需求既有重叠又有差异，需要进一步分解、合并、转化，才能确定培训主题。

——确定培训对象

一般而言，培训的对象有横向划分（按序列或部门）及纵向划分（按职级）这两种，确定培训对象时需要特别注意以下三个方面。

第一，除了全员通用能力，通常不适宜对多序列提供相同的培训，如时间管理能力、Office操作、数据应用管理等通用能力。

第二，如果是给序列/部门提供培训，在有条件的情况下最好对课程进行分级并区别对待，尤其是技术性和复杂性较高的专业课程，分级管理、分级授课的方式，无论是教学还是学员的收益都会更理想。

第三，需要充分考虑职级与培训课程、培训主题是否匹配，例如，职级越高，通常越需要战略管理、领导力与团队管理方面的培训课程，而非基层的职场通用技能培训。

——确定授课师资

并非所有的师资都只能来自外部，企业内部的优秀员工或骨干员工都可以成为内部讲师，因为从长远看，人才培养能力不全是靠外聘讲师来支撑，而是自行构建培训管理体系、内部讲师与外部讲师兼有。对于师资来源、选拔、授课技巧掌握与对内部讲师的激励，可采取如下方法。

师资来源的选择。内部讲师只选择中高层管理者或资深员工/优秀员工/骨干员工，或者外聘讲师。

师资选拔。企业可先制定讲师的标准，采取自愿报名的方式来选择内部讲师，或对外聘讲师安排试讲，通过试讲后再行进入商务环节，对课前调研、课酬、课纲等细节进行沟通和商定。

内部讲师的培训。对于内部讲师，通常可由外部专家对其进行单独培训，确保其掌握了基本的授课技巧与课程开发能力后，再组织内、外部讲师与学员进行沟通交流，以了解学员的疑惑与面临的问题。

内部讲师的激励。企业可通过提供授课补贴及多重职位通道的方式，鼓励那些在某个领域有丰富经验或专业所长的员工向其他有需求的员工提供培训，但不应强制要求。

——确定培训时间

员工培训时间的安排比较弹性，但通常情况下，从学习效果的角度考虑，应避开三个特殊时期：企业转型期、并购重组期和春节前半个月。

企业在转型期内的业务、组织与职位存在不确定性和较大变数，员工的心思与精力会被占用过多，在此期间实施培训一是占据宝贵的时间窗口；二是企业的诸多事项都未确定，不适宜培训。

并购重组期内的企业，通常会有大量的岗位出现调整及人员的离职，因此在这一阶段并不适合进行培训。

春节前半个月不适宜实施培训，是因为员工都忙着年终考核、盘点、年报等工作，既不适宜在工作日内实施培训也不适宜占用休息日来实施培训。

——**确定培训地点**

培训地点的确定没有特别的限制，如果有条件的话，企业应自建培训教室并完善教学设施，让培训教室有足够的空间用于教学和分组讨论。

如果企业没有足够的空间或场地用于培训，亦可租赁酒店作为培训场地。

——**确定培训形式**

当前可供企业选择的培训形式有很多，其中，最主要的形式有四种，这四种培训形式的适用课程，如表5-1所示。

表5-1 四种培训形式的适用课程对比表

培训形式	适用的培训课程类型	示例
课堂讲授	传递知识与技能，适用于绝大多数培训	时间管理技能、人力资源管理技能
沙盘演练或现场实操	需要学员亲自参与和动手，或需要角色扮演与场景模拟的培训	战略管理、对抗性博弈，或设备实操类培训
多媒体学习	侧重知识和方法的传递，以听和看为主，对互动要求低的培训	所有的偏知识与技能传递型培训，以及设备操作类培训
户外拓展	需要分组并有团队配合与对抗/竞技的培训	领导力培训、敌我对抗性博弈培训

3.3 培训计划编制

培训计划与培训规划，一字之差但内涵却完全不同。培训规划是在明确了最终的目标与能力提升目标之后，围绕这两类目标来规划设计培训的主题、对象、时间、地点、形式、方法的顶层设计，主要内容有：对最终目标与培训目标进行详细的分解和转化，有结构化的能力标准，有明确的形式、方法、标准的说明。培训规划的作用在于对培训目标、培训标准、培训对象、培训范围、培训方法等内容做出明确的书面说明。而培训计划是在培训规划已经确定之后，在某个时间段内的具体工作细节安排及各主体的培训相关工作计划，主要内容有：对已经确定的主题或事务进行人员、时间、地点和进度的安排。

培训计划没有固定格式，但通常都有以下五个步骤。

——第一步是年度培训目标确认

本步骤的工作内容是根据能力提升总体目标去设置年度能力提升目标，包括能力的类型和等级，并评估是否为当年可完成的目标或跨年完成的目标。

在年度培训目标确认之后，需提报高层及对应的各部门进行签字确认，作为凭据及工作函留存。

——第二步是时间、地点确认

除非特殊情况或时间紧迫，否则每次培训的时间不宜超过两天，每天不宜超过6小时。如果培训课程为大课或系列课，可对课程分级，由初级到高级来排期。

培训地点无明确要求，可根据培训策划环节的标准执行。

——第三步是需求部门的二次确认

在确认了培训主题、年度培训目标以及时间和地点之后，还应对需求部门/学员进行二次确认，明确需求部门工作中遇到的常见问题、工作难点、现实案例，并整理出来留给讲师在授课现场答疑解惑。

——第四步是提报培训预算

根据年度培训计划和能力提升目标安排费用，但本环节不涉及预算编制，只涉及费用在分科目列支后进行统计，汇总形成年度培训费用预算。

——第五步是完成培训前准备工作

在条件允许的情况下，可将讲师的课件提纲与课件PPT或其他类型的教材提前发给学员预习。此外，还可让讲师与学员互动，对部门需求难点与需求部门常见问题进行确认、澄清，提前备课。

培训计划的制订除依照上述常规步骤来开展外，还需要掌握几点技巧。

一是串行改并行，即增加可并行的工作、删除/合并部分节点，提高效率、降低成本；二是设置工作节点/里程碑，即将耗时长、复杂度高的工作分割为若干个里程碑，也可将部分工作前置，给后续的调整优化留出足够的时间；三是绘制甘特图，通过甘特图的方式可提高过程控制的可视化程度，使进度一目了然，非常适合周期长、复杂度高以及需要分级讲授的系列课；四是加强过程控制，例如通过定期碰头会来互通有无、及时掌握过程进度，或者设置相应的机制来约束和引导，让员工培训工作正式化并得到足够的重视和支持。

3.4 培训预算编制

前文已经谈及培训投入的本质是投资而非费用，是投资性支出而非消耗性支出。因此，为了提高投资回报需要从立项之初（通常在需求分析阶段）就做好调研和评估工作。

预算编制的方法有好几种，培训预算的编制最常用的有两种方法，分别是固定比例法和汇总法，但汇总法不是严格意义上的预算编制方法。

固定比例法是指将企业年度营业收入或工资总额的特定比例作为培训预算，将年度营业收入的固定比例作为下一年的培训预算，例如A公司将2020年的培训预算定为2019年营收的1%。这种方式通常适合有强烈的人员能力提升意愿的企业以及研发/技术驱动型企业，许多高科技企业或技术密集型企业都采取此种方式来编制年度培训预算。此种方法简单易行而且带有一定的强制性，能够让企业加强人力资源战略与公司发展战略的协同性。

汇总法是最为简单的预算编制（统计）方法，尽管这并不是一种严格意义上的预算编制方法，但其操作简单、对人员要求不高且灵活性高，尤其适合中小企业采用。

汇总法的操作非常简单，在企业确定了培训主题、培训对象、培训形式、培训周期，以及培训时间和地点之后，分科目统计费用额并编制形成总额预算，即可得出培训预算。

3.5 培训策划

上文中谈到了培训规划与培训计划的区别，此处再对培训策划的定义与内涵进行明确：培训策划是对已确定的能力提升目标及年度培训计划，进行单次、当期培训的创意和准备，从而提高员工关注度，确保有更好的培训效果。简言之，培训策划是对当期培训既定的主题和目标进行创意，对当期培训造势以令培训主题更加鲜明，并优化和改善当期培训所处的内部环境。

一个精心准备，有创意、有保障的培训项目，可以让培训效果更好，进而提升培训的费效比。因为不是所有员工都理解并主动参与培训，而把培训项目当作一个市场互动策划案来操作会更有趣味性，这对当前"90后"和"95后"占据职场主流的企业而言同样极具意义。

培训策划方案没有标准格式，但通常一个完整的培训策划案都离不开五个关键要素：项目主题、互动环节、舆论环境、当期目标、机制保障。

——项目主题

精心策划的项目主题是为了吸引学员的关注，同时高度概括了培训的内容和企业当前存在的短板，如表5-2所示。

表 5-2　三种培训主题释义表

主题类型	主题示例	主题特点
常规型	1.××公司领导力提升培训项目 2.××公司营销能力训练营培训	通常项目主题即培训主题，没有倾向性，是最常用的主题
目标型	1.××公司质量年生产质量培训 2.××公司零缺陷年六西格玛培训	项目主题、培训主题、管理主题三者合一，能明确指向当前及未来一段时间内公司需要解决和提升的重点
动员型	大战一百天，打赢××科技攻关项目战役	起到动员全员、鼓励攻克难题的作用，适合难度较大的事项或阶段任务

——**互动环节**

互动环节不是从培训实施才开始，而应从培训开始之前就加强互动，互动环节包括师生研讨和多部门恳谈这两个方面。其中，互动环节并非重新对需求进行分析与确认，而是立足学员面临的问题与讲师进行沟通互动、增进了解，例如，由学员介绍自己工作中遇到的问题和难点，讲师则谈论自己的思路和判断。

多部门研讨可在需求分析之前完成，也可在需求分析之后或开课之前进行。需要注意的是，多部门研讨只对问题现状进行各自观点的表达，不宜涉及工作评价，否则极易变成推诿扯皮而引发混乱。

——**舆论环境**

尽管培训是员工最大的福利，但也不能脱离企业所处的内外部环境，尤其是舆论环境和员工认知。营造良好的舆论环境，可通过排行榜上墙的方式。排行榜上墙是指将参训员工在培训前的业绩得分进行公示，刊登上内网或白板，以示问题短板的现状，为培训结束后的效果评估埋下注脚。

——当期目标

每一次培训都会耗费人力、财力和物力,所以企业应在培训开始之前明确当期/本次培训的目标,但并不是非总体目标也非阶段目标,而是当期培训计划要达成的小目标,如图5-3所示。

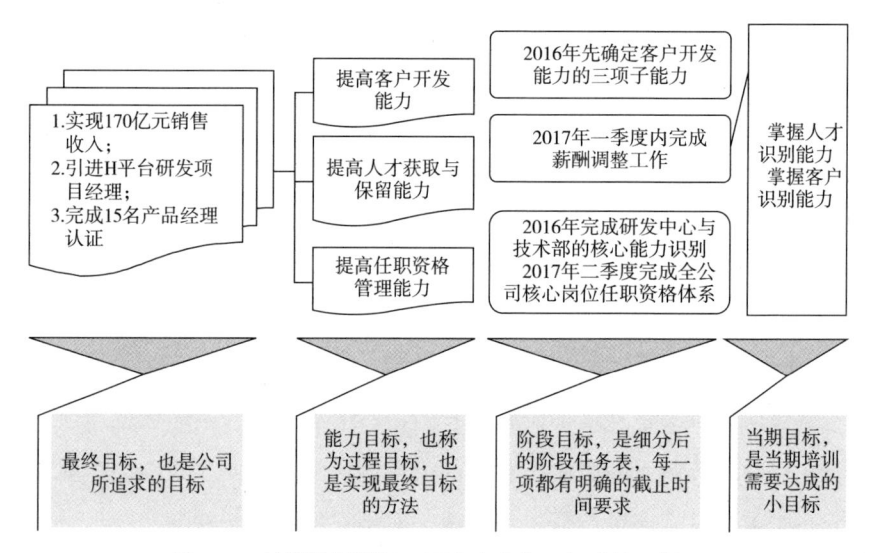

```
┌─────────────────┐     ┌──────────────┐     ┌──────────────────┐     ┌──────────┐
│ 1.实现170亿元销售 │──→ │ 提高客户开发  │──→ │ 2016年先确定客户开发│──→ │ 掌握人才 │
│   收入;          │     │ 能力          │     │ 能力的三项子能力  │     │ 识别能力 │
│ 2.引进H平台研发项│──→ │ 提高人才获取与│──→ │ 2017年一季度内完成│     │ 掌握客户 │
│   目经理;        │     │ 保留能力      │     │ 薪酬调整工作      │     │ 识别能力 │
│ 3.完成15名产品经理│──→ │ 提高任职资格  │──→ │ 2016年完成研发中心与│   │          │
│   认证            │     │ 管理能力      │     │ 技术部的核心能力识别│   │          │
│                   │     │               │     │ 2017年二季度完成全公│   │          │
│                   │     │               │     │ 司核心岗位任职资格体系│  │          │
└─────────────────┘     └──────────────┘     └──────────────────┘     └──────────┘
         ▼                      ▼                       ▼                    ▼
   最终目标,也是公司     能力目标,也称         阶段目标,是细分后       当期目标,
   所追求的目标          为过程目标,也         的阶段任务表,每一       是当期培训
                         是实现最终目标         项都有明确的截止         需要达成的
                         的方法                 时间要求                 小目标
```

图 5-3 培训策划关键五要素之当期目标确认示例图

——机制保障

为了确保每一期、每一次培训都达到预期的效果,企业还应在做培训策划时对培训开展所需的相关机制与制度方面做好保障,确保实现预期效果。机制保障包括培训纪律、培训评估工具方法和标准的准备、奖则罚则的确立这三个方面。

3.6 培训实施前的准备工作

正式培训实施之前的重要工作都已经基本完成,到此已经进入到接近实施的环节,本步骤都是许多琐碎、细致但同样不可疏漏的工作。为了确保不出差错地顺利完成培训项目,企业还需要做好七项准备工作,如表5-3所示。

表 5-3　培训项目策划之七项准备工作

准备工作的名称	准备工作的细则
人员安排及分工	1. 根据培训主题和规模、时间、地点安排，指定相关责任人 2. 由相关责任人分别承担其余准备工作并向培训经理汇报
设备设施与场地检查	1. 检查培训现场的设备设施是否正常工作 2. 检查培训场地的交通路线及标志物
人员登记与评价标准说明	1. 提前准备好人员登记表 2. 设计好培训现场评价表并告知评分规则
费用请款	1. 如已通过审批，则办理借款手续 2. 如公司统一在后期结算，则准备好合同或协议
现场布置	1. 根据课程需要或讲师要求，提前布置好场地 2. 提前准备好并于培训开始前一天布置好标语横幅或宣传品
餐饮食宿	1. 提前准备好茶水饮料 2. 如培训时间为一天或以上，提前安排好食宿及接待（外地员工）
教材与教具	1. 根据讲师要求，提前设计制作或准备好教学所用的教具 2. 如课件为纸质版，则需提前印刷装订好

3.7 培训启动与实施

在培训授课开始实施之前和之后还有四个方面的工作需要完成，一是摸底成绩公布与点评；二是学员分组；三是培训后布置作业；四是启动仪式。

在开课之前进行摸底测试并公布摸底测试成绩，是为了让学员了解短板与不足，而对其做点评是为了让学员更好地理解学习内容。如果条件许可，摸底测试最好用企业的真实事件或与工作强相关的知识点作为试题。

学员分组是为了提高学习效果，也是为了更好地进行分组竞赛/对标。对于分组，可按原部门方式选择并由部门负责人担任小组组长；或者根据实际情况将培训主题/学习内容从正反两方进行，选正方代表和反方代表担任组长。此外，可设置小奖品/奖金，用于奖励成绩优秀的小组。

布置作业通常在当期培训结束的当天和当场，是为了强化学习培训的效果，避免间隔时间过长而影响效果。其目的在于改善学习效果、现学现用，同时更客观、更真实地评价训前和训后的变化，所以训后测试最好在摸底测试题的基础上做延展或调整。

举办启动仪式的目的是通过增加仪式感来提高全员的重视度，同时体现公司高层对培训项目的重视和决心。举办启动仪式时，企业还需要注意以下几个事项：一是启动仪式开始前的一周左右在公司进行公告；二是每次启动仪式时间不超过10分钟；三是启动仪式应全程录像及拍照留存；四是启动仪式应安排培训主题相关的职能分管副总或总经理讲话；五是人力资源部应将启动仪式的照片整理后发布及全员公告。

3.8 培训效果评估

在完成每一期培训之后都应适时地开展效果评估，以发现问题与不足并及时调整。业界多采取柯氏评价法来对员工培训的四个不同阶段进行评价，但对于绝大多数中小企业而言，可以将其简化为两个阶段即反应评估和结果/业绩评估这一头一尾两个阶段，中间的两个阶段可忽略，如表5-4所示。

由于员工培训在四个阶段的承担者不同、工作内容不同，所以并不适宜用一个评价系或方式对其进行评估，而柯氏四阶段评价法的优点在于将一个完整的培训评价划分为不同的阶段，从最初的需求分析到学员的训后业绩表现全都涵盖。

表 5-4 培训评估阶段/视角的适用条件对比表

评估阶段	评估内容	评估重点	适用对象
反应评估	培训项目的策划/组织、课程设计、讲师专业性、知识和技能传递、教学效果等	侧重于教学效果、课程选型，以及培训项目的策划组织	需求分析人、讲师
学习成绩评估	学员训后的知识和技能掌握情况	知识和技能的提升程度	讲师与学员
行为评估	学员在训后的行为变化	训后的言谈举止或工作成果，如邮件、公文、口头表达等	学员
结果/业绩评估	学员个体或组织（部门或公司）在训后三个月的业绩表现	个人业绩表现	学员

对企业而言，评估讲师是为了提高讲师的专业水平和师资管理工作的科学性，评估学员是为了提高学员的重视度，以及从学员的最终工作输出、岗位业绩去衡量企业的培训管理水平。不同的目的决定了不同的评估对象和评估方法，企业不应"一刀切"，而应有针对性地区别对待。

4. 主流培训方式的优缺点与适用范围

随着互联网技术的发展与成熟，企业培训的方式也变得日趋多样化，传统的线下公开课与内训、网络视频课之外，基于第三方平台的直播课也开始被越来越多的企业选择。

但是，无论线上还是线下、直播还是录播、语音还是视频，都有各自的优缺点和适用范围，没有绝对的好坏之分，选择哪一种方式或多种方式的组合，还需要企业结合实际情况来综合考虑。当前主流的培训方式共有两大类、六种方式，其优缺点与适用范围，如表 5-5 所示。

表 5-5　各主流培训方式优缺点与适用范围对比表

培训方式	子类名称	主要优点	主要缺点	适用范围
线上培训	语音课	1. 低价或免费 2. 听课时间灵活，可反复学习	1. 教学效果、学习效果差 2. 无法有效互动 3. 容易被打断	1. 只听不问的课程 2. 应试教育或有标准教材的课程
线上培训	视频录播课	1. 低价 2. 听课时间灵活，可反复学习 3. 教学效果、学习效果尚可，性价比很高	无法有效互动	1. 对实时互动无要求的课程 2. 有标准教材的课程
线上培训	视频直播课	1. 低价 2. 听课时间灵活，可反复学习	1. 不利于询问个性化的问题 2. 涉及敏感信息时不便于问答	适合绝大多数课程
线下培训	线下内训	1. 教学效果、学习效果最佳 2. 有利于现场解答个性化问题或复杂度高的问题	1. 学习成本高 2. 时间固定，无法反复学习	1. 复杂度高、系统性强的课程 2. 对互动与现场解决个性化问题有较高要求或涉及敏感信息/话题的企业
线下培训	线下公开课	1. 价格中低 2. 教学效果、学习效果好 3. 有利于结识同行、扩大圈子	1. 参训成本高 2. 时间固定，无法反复学习	1. 需迫切提升技能的岗位/个人 2. 适合绝大多数课程
线下培训	视频文件播放	1. 低价 2. 听课时间灵活，可反复学习	无法有效互动	1. 对实时互动无要求的课程 2. 有标准教材的课程

第6章

企业文化管理

> **本章导读：**
>
> 如果把企业视作一个有生命的机体，那么企业文化就是这个生命体的灵魂。一个没有灵魂的企业如同行尸走肉，只是出于本能行事，当然谈不上活力、魅力与吸引力。
>
> 任何一个组织都应该有一系列关乎存在意义、存在目标与如何生存的基本主张或信条。对于宗教而言，其存在的意义与目标以及如何生存的基本主张就是宗教教义；对于企业而言，其存在的意义与目标以及如何生存的基本主张就是企业文化。
>
> 通过塑造、强化和传播企业文化，能够让企业获得重要的精神力量，让企业在激烈的竞争中与不确定的环境下找到指引而不迷失方向，从而走得更远、更稳！

1. 企业文化的意义与作用

相较于规章制度、流程、权限等强制性的要素而言，企业文化对企业而言显得就比较软，所起到的作用是阐述企业存在的意义，以及明确价值判断、引导员工思维与行为以及经营管理主张的作用。尽管没有规章制度、流程和权限的强制性，但这些软性的要素往往具备长久的生命力，以春风化雨、润物无声的方式影响企业的各个方面。

企业是由无数个不同的有着独立思想、独立人格的个体组合而成，只要有人的存在就永远无法用管理机械设备的方式来管理，还需要借助人文主义的思想，让企业的各项经营管理工作有灵魂、有温度。本章旨在阐述企业文化的意义与作用，以及企业应该如何搭建企业文化并将企业文化融入运营管理体系中，更好地发挥企业文化的引领、提供价值判断依据和凝聚功能。

1.1 企业文化的引领功能

企业存在的意义绝不仅仅是盈利，盈利只是支撑企业健康可持续发展的保障和手段，真正的目的不是也不应该只是盈利，而是提供优质的产品或服务，满足客户的需求、解决客户的问题。因此，具体到各企业的时候，尽管在文字表达上会因行业或产品服务差异而有所区别，但实质上都非常相似。

企业文化的引领功能集中在确立使命感、强化责任感和目标感三个方面。其中，使命感的意义在于让企业跳出眼前的苟且并超越基础的物质层面，树立更高的宏愿，从而让企业的全体成员能够为实现使命而去努力。

强化责任感分为两个层面：对企业而言更多的是指作为企业公民所承担的社会责任，对股东、对员工、对社会、对客户负责；对员工而言则是对自己在企业中所承担的责任与义务有着高度的自觉，做到恪尽职守、担当责任，充分发挥积极性和主动性。如果企业没有责任感，这个企业的声誉一定不会太高；如果员工没有责任感，那么再完善的规章制度也无法令其胜任工作，成为一个合格的员工。

强化目标感不能只靠公司战略的说明，也不能只通过规章制度或权限与流程，而是从信念、信仰的层面，让企业组织与员工个体在纷繁复杂、充满诱惑的商业环境中始终不忘初心，永远指向目标，不会为一城一池的得失所困扰而偏离最初的目标。

1.2 企业文化的提供价值判断依据功能

在企业的日常经营管理活动中，会经常面临如何在复杂的情况下做判断的问题：有许多人、事、物无法依据法律法规、伦理道德或规章制度来判断，例如一家高科技企业有富余的资金可用于主营业务之外的投资，而当时的股市、楼市又处在上升期，投资进入股市和楼市可以让企业在短期内获得丰厚的利润。面对此种既合法、合规、合理，又能带来丰厚的短期回报而且也为许多企业所常见的投资行为，这家高科技企业应当做何选择？

从企业文化尤其是企业使命的角度，投资进入股市楼市，明显偏离了这家高科技企业的使命，所以尽管这种投资行为合法、合规、合乎道德而且能让企业在短期内获得高额回报，但这家企业依然选择了拒绝——这家企业就是华为。

在有些企业里，严格的层级关系和按部就班、循规蹈矩的企业文化是备受推崇的，例如在银行业，合规文化与风控文化永远都是银行企业文化的基调，并且贯穿于各种制度流程当中，因为这是商业银行得以存续和健康发展的基石。然而，在另一些企业里，不拘一格、鼓励创新、敢于试错的企业文化是基本的风格，例如在高科技企业和互联网公司，创新文化、极客文化是决定这些企业能否胜出的关键，因为许多重大创新与发明，都是在开放、宽松、平等、自由的环境下孕育出的，例如 Google 和微软。

当企业在经营管理过程中遇到不涉及法律法规、规章制度或伦理道德的问题并且找不到评判依据时，就可以通过企业文化（多为企业核心价值观）来做出判断或决策。

1.3 企业文化的凝聚功能

所有的优秀企业都必然有强有力的、旗帜鲜明的企业文化，而企业文化所具备的凝聚功能，对外能提高公众与外部人才对企业的好感，对内能提高员工的认同感——通过文化认同来提高员工对企业和组织的认同，进而发挥凝聚士气的作用。

找标杆学先进不必只盯着头部公司或独角兽，从宗教身上可以获得许多宝贵的启示与借鉴，无论是基督教、伊斯兰教还是犹太教。这些不同宗教的教徒如此的虔诚、对其所信仰的宗教有着如此强烈的认同感，其教义就相当于企业文化，值得所有企业去思考和借鉴。

2. 企业文化理念体系的框架、内涵与作用

企业文化有业界通用的框架结构，但在总体框架下所包含的内涵会因企业的实际情况或偏好而有所区别，如图 6-1 所示。

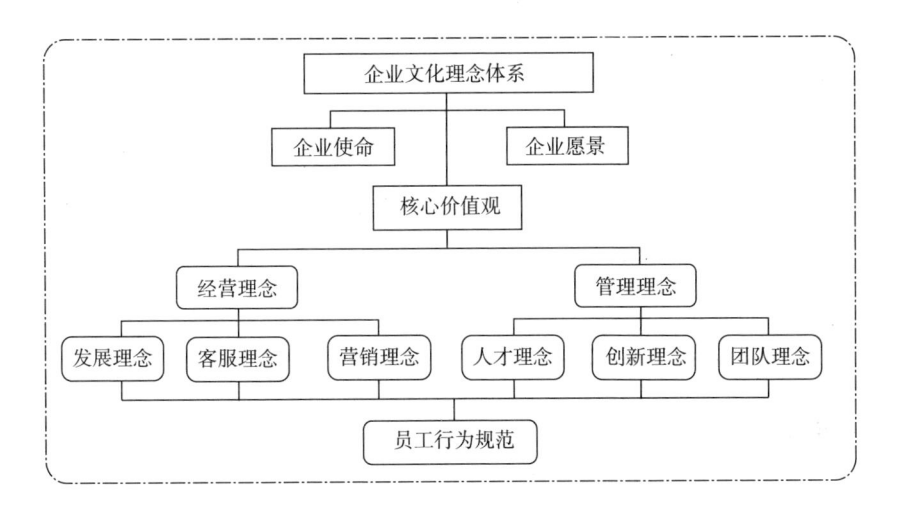

图 6-1 企业文化理念体系框架结构

2.1 企业使命的定义与作用

顾名思义，企业使命即企业存在的意义与所肩负的任务。企业使命是企业最顶层的哲学思想的高度概括，是指引、形成和细化后续一系列思想或理念的起点。企业使命主要回答"为什么存在"和"我要到哪里去"的问题，是企业存在的目的与意义的终极解释。

以阿里集团为例，其企业使命是"让天下没有难做的生意"。

这十个字高度概括了阿里集团的任务与职责所在，即通过搭建电商平台、交易平台与信用中介平台，让交易双方能够用更快的速度、更低的成本、更低的风险去完成交易，让生意更安全、更快捷地成交。

2.2 企业愿景的定义与作用

企业愿景即企业希望成为一家什么样的企业。企业愿景是企业为了实现其使命所需具备和成为的身份、角色、地位或状态的阐述，主要回答"我要怎么去"的问题，是企业发展目标与地位的解释。

还是以阿里集团为例，其企业愿景有两句，第一句是"活102年：我们不追求大，不追求强，我们追求成为一家活102年的好公司（从1999年阿里创立开始算起，102年后就是2101年，意味着阿里集团将横跨20世纪、21世纪和22世纪这三个世纪）"；第二句是到2036年，服务20亿消费者，创造1亿个就业机会，帮助1000万家中小企业盈利。

阿里集团的愿景有精确的目标和明确的数字，但并不是为了量化，而是通过对愿景进行分类阐述和赋值，来解释其使命如何实现并突出愿景的可行性。

2.3 企业核心价值观的定义与作用

企业核心价值观相当于企业的天条或价值判断的准则，是判断是非对错的准绳。其作用如前所述：当企业在经营管理过程中遇到不涉及法律法规、规章制度或伦理道德的问题并且找不到评判依据时，就可以通过企业核心价值观来做出判断或决策。

企业核心价值观是企业文化理念体系中应用最为广泛、与企业规章制度和流程权限的相关性最高的内容。因为几乎所有的规章制度、流程权限，包括各种罚则奖则，都是基于企业的基本价值判断也就是核心价值观所演绎和具象之后所形成的。换言之，企业的核心价值观与企业的规章制度、流程权限，如同硬币的两面，两面都重要、都不可或缺。

提炼、归纳企业的核心价值观，或者在制定规章制度与流程权限以及各种奖则罚则时，必须时刻检视是否符合企业核心价值观，确保一致性，并尽力避免两张皮的情况出现。

2.4 企业经营理念的定义与作用

企业愿景、企业使命与核心价值观是企业文化理念体系里最重要也是最基础的构成部分，是顶层哲学和最高指导思想。在这些顶层哲学和最高指导思想的引领下，会衍生出应用于企业对外经营和对内管理的操作性指导思想，即经营理念与管理理念。

经营理念主外，是解释企业对发展、对经营、对客户所遵循的原则与态度，对制定对外经营战略和策略起指导作用。

2.5 企业管理理念的定义与作用

相较于对外的经营理念，管理理念则主内，是解释企业对于组织管理、运营管理、人才管理、研发创新管理所遵循的原则与态度，起到明确内部管理导向和指引编制规章制度、用人制度的作用。

管理理念还可进一步细分，但通常不宜超过三个子类，例如，涵盖人才理念、团队理念与创新理念就足够，分得太细容易混淆而且不便记忆和宣贯。而之所以将创新理念单独列出，是因为在新常态与所有行业都普遍面临转型升级趋势下，创新是让企业实现可持续发展的关键，并且已经不是只有高科技企业才需要创新，包括传统行业在内尤其是中小企业，更需要加速创新加速转型升级，但是不同行业、不同企业对于创新的理解和内涵各不相同，因此特地在企业文化理念体系框架里加以说明。

2.6 员工行为规范的定义与作用

员工行为规范与规章制度有相似之处，都是企业对员工的要求或倡导的集合。不同之处在于，员工行为规范更多的是对员工的言谈举止进行规范性的要求或建议，例如着装、言辞和日常行为的基本规范性说明，通常不涉及具体的工作流程、工作标准或操作规范；而规章制度则涵盖了供应链、财务管理、研发管理、生产制造、人力资源管理等所有的职能，对规则、步骤、程序和标准有着明确的说明，并且多数都与奖惩挂钩，有着明显的强制性。

员工行为规范的作用主要体现在职场礼仪、社交行为、素质素养、人际交往方面，而规章制度则针对各职能和各部门的工作标准与要求以及奖惩条例，两者有一定的交叉，但更多的是互补关系。企业应先建立健全各职能的规章制度，再去完善基本的行为规范；或者不单独编撰员工行为规范，只加强规章制度建设。

3. 企业文化落地的四种方式与常见的落地方式

不落地的企业文化是伪文化，要将企业文化推行落地不能只着手于标语口号，还应通过精心策划和设计，通过多种举措让企业文化"入眼、入手、入心"，融入企业的规章制度等体系中，最终实现"外化于行，内化于心"。

常见的企业文化落地载体/方式有四种，分别是企业文化产品、企业文化活动、企业文化培训和企业文化传播，其定义与作用如表6-1所示。

表 6-1　企业文化的四种落地方式释义表

企业文化落地方式	定义	主要作用
企业文化产品	将企业文化理念体系开发成企业文化产品，如企业文化手册、吉祥物等	让企业文化可视、可触，便于直观感受和加深印象
企业文化活动	针对企业文化理念体系所策划的相关主题活动，如演讲、辩论、竞技等	让企业文化的落地更加生动、有趣，用寓教于乐的方式传播
企业文化培训	将企业文化理念体系开发成培训课件，旨在用正式的方式去宣贯企业文化	类似联想公司的入模子培训，对新员工有提高文化认同的作用，对老员工有"回炉再造"的作用
企业文化传播	将企业文化理念体系编译为丛书，或与外界联办，对企业文化进行外部传播	提高社会认知度和美誉度，进而提高员工的认同感和自豪感

3.1 以企业文化产品为核心，使其书面化、可视化、可触化

对于企业文化管理工作而言，类似《圣经》的文化手册，是企业文化管理、传承和延续最重要的核心，因此，要确保企业文化能够有效、高效地落地，丰富和完善企业文化产品就成为企业文化落地与传承关键的第一步。

除了文本，有条件的企业还可设计企业吉祥物，这是出于两方面的考虑：一是为了将企业文化成果和企业文化内涵具体化，让每个能够接触到吉祥物的人都能在第一时间关联起企业；二是出于将企业组织进行人格化处理的需要。因为吉祥物通常都会有企业特色或主营业务定位的寓意，例如京东的吉祥物是小狗、天猫的吉祥物是小猫。设计企业吉祥物还有一个作用：可以当作赠品，赠送给每个到企业参观学习的人，也可以当作挂饰摆放在车内或办公室、家

中，让每次看见变成每次联想，让企业与所有相关和不相关的人之间建立起超越文本这种传统载体的纽带，而这正是强力企业文化的关键特征。

3.2 以企业文化活动为载体，让企业文化仪式化、群体化

仍旧以基督教为例——基督教之所以能够在多个国家和地区拥有大量教徒，与基督教多样化的传教活动有关，包括做礼拜和祷告、唱诗班、团契，以及发起和参与各种慈善救济公益活动等。

身教甚于言传，无论是未成年人教育还是成人教育，都需要通过各种行为和活动来表达和传递所希望传递的道理或知识，尤其是对企业文化落地而言，它本质上不是传递知识与技能，而是相对抽象、形而上的道理、规则和主张。因此，生动多样、有效的活动安排，就成了提高企业文化落地效果的关键因素。

3.3 以企业文化传播为动力，传播经营管理之道

对于企业文化传播工作而言，构建组织和制度保障，从人员安排上设置专职的企业文化使者，是提高企业文化传播效果的重要途径。

企业文化文本是载体，而企业文化活动是形式也是内容，但从传播的有效性看，都离不开传播者——企业文化专责。通常国企都会设置党群部门，所以，国企可以通过在党群部门内设置专职或兼职的方式，安排专人来开展企业文化的传播和管理工作。

从传播的途径来看，可以通过主题活动的方式，也可以通过发行企业文化刊物的方式。多数企业都会选择内部传播与外部传播两者结合的方式，包括出版相关的企业文化书籍。例如，方太厨电通过公开发行丛书，不仅很好地对外传播了企业品牌和企业形象，也向外界展示了企业的风采、提升了员工的自豪感，并最终提高了员工对方太厨电的认同感。

3.4 以企业文化培训为支撑，让企业文化内化于心

企业文化培训不同于知识与技能的培训，企业文化培训在本质上相当于在员工心里重新植入价值观，去宣扬和塑造企业的信仰或信念；而知识与技能培训不涉及意识形态层面的内容，仅仅是知识与技能的传授。这就决定了后者可以协商、可以质疑，但前者则是相对硬性的宣贯，不允许协商也不能妥协；但是，对于成年人的教育，硬性的、教条式的宣贯很难有效果，反而是春风化雨、润物无声、言行一致、言传身教的方式更容易获得员工的认同。

因此，企业在开展企业文化培训时不应采取硬性、教条式的宣贯，而应采取讲故事、说经历、谈感受、重互动的方式进行系列化、长期化的培训，结合人力资源管理与领导力开发项目，融入企业文化培训的内容，让员工亲自体验企业文化是否与规章制度、管理实践保持一致。本人经历过的几个企业文化咨询项目也表明，将企业文化培训与其他管理培训结合，"以柔克刚"的方式更容易实现企业文化的真正落地，也就是"入心"！

第 7 章

组织变革管理

> **本章导读：**
>
> 传统的组织形式有简单型、直线型、职能型、事业部型、类事业部型和集团型这六种，而这六种组织形式都是发源自产品与服务具有高度标准化和大批量制造属性、较长的生命周期的工业时代。而我们当前所处的时代已经是一个复杂多变（VUCA）的时代和小时代（产品生命周期短平快、跨界无所不在）。这个时代的绝大多数行业，都具有产品与服务生命周期大幅度缩短、更新迭代速度快，以及行业边界模糊的特点。因此，无论是传统行业还是互联网行业，都会面临组织变革的重要任务，并且组织变革对企业而言已经不是一劳永逸的工作，而是每隔两三年就需要对组织形式进行调整，以确保能跟上企业外部环境的变化。

1. 传统组织形式所面临的挑战

当前，企业最常见的职能型、事业部型、类事业部型和集团型组织，都是源自工业时代和近代管理学的研究理论与成果，尽管这些组织形式在当前仍然是绝大多数行业和企业里最常见的组织形式，但在VUCA时代和小时代，这几种最常见的组织形式也面临着越来越多的挑战。因为在工业时代，一个产业或一个产品的生命周期短则十多年、长则数十年甚至近百年，这种稳定的需求、大规模和标准化产品的需求属性对企业组织的要求，主要表现在组织的稳定性和内部的一致性上。但是在VUCA时代和小时代，企业组织的稳定性与一致性已经无法适应跨界、易变、短周期的环境要求，这些传统的组织形式将面临以下两个方面的主要挑战。

1.1 产品种类多、批量少、迭代快，迫使组织转型

规模效应是指企业所生产的同一种产品的销量越大，其生产成本就越低，企业就可以获得明显的成本优势，从而促使企业去不断扩大产能来生产更多的产品，实现规模效应。因此，规模效应所对应的是成本优势，而基于规模效应所获得的成本优势，是建立在需求稳定与长期的前提下。但在当前，除了重资产、长产业链的少数行业依然遵循着规模效应，如钢铁、水泥、石化、矿产等行业之外，大多数行业的规模效应在不断地减弱，其主要原因是需求多变、产品生命周期短、更新迭代速度快等。因此，对于那些规模效应不明显或不适宜追求规模效应的企业而言，如何用更低的风险、更低的成本、更短的时间去开发需求多样、周期短、迭代快的产品，就成为一个涉及战略调整、人员调整与组织调整的重大命题。

多批次、小批量和定制化生产，会提高研发部门与产品部门的话语权和独立性，甚至需要企业改变为以客户为中心的组织，例如产品经理制。这就颠覆了传统组织的权力结构，要求企业的所有资源和部门与岗位，都围绕着产品经理（或产品总监/产品总经理）转，产品经理才是企业里话语权最大的岗位，其余岗位除承担审核/审批新产品及相关资源投入量的职责外，都是为产品部门提供支持与服务，因此，传统的基于职能条线的组织形式将日趋式微。

这是传统的组织形式所面临的首要挑战。

1.2 VUCA 时代要求组织具备更高的灵活性与容错率

在传统的职能型、事业部型、类事业部型或集团型企业里，重大事项所涉及的决策层级多、参与决策的主体多、决策节点多，这种先天特质就决定了即使有着发达的移动办公等工具手段，也依旧无法避免发生由于决策主体多、决策环节长所可能产生的意见不一致的情

况——从决策科学性的角度来看，这是正常也是合理的，但恰恰是这种正常且合理的规定，会拖慢市场反应速度，从而失去稍纵即逝的商业机会。

提高决策的科学性和规范性是永恒的话题，但在 VUCA 时代和小时代，企业需要永续创新，更需要频繁试错，尤其是低成本、小范围、风险可控的试错。而传统的组织形式与组织结构，以及相应的制度与规则恰恰就是为了消除风险与错误而设立的，这种制度安排正好与当下时代的要求相悖。

更高的灵活性和弹性也意味着企业组织的容错能力在提高，而如果这种错误或试错是公司层面的，那么很可能会导致一场灾难；如果这种错误或试错是某个部门或业务单元层面的，那么就不会对整个企业造成重大影响。所以控制风险和降低试错成本，就意味着需要在企业里有一块或数块"试验田"，但显然这个试验田不可能是公司整体，而只能是某个部门或某个业务单元。因此，传统的组织形式所强调的一致性和稳定性，以及对风险、错误与试错的本能排斥，只能允许在规章制度、权限或流程范围内有一定的弹性的属性，使其无法满足 VUCA 时代对企业组织高弹性、高度灵活性与高容错率的要求，这是传统的组织形式所面临的第二个挑战。

2. VUCA 时代的组织演进趋势

VUCA 一词源自美国陆军战争学院的研究，VUCA 分别代表易变性、不确定性、复杂性和模糊性，如图 7-1 所示。

VUCA 时代的四个主要特点不仅会深刻地影响社会、经济与生活的各个方面，也会对企业的发展战略、运营管理、人才管理与组织管理产生深远的影响。在 VUCA 时代，企业组织的演进将呈现出三个方面的趋势。

Volatility 易变性	Uncertainty 不确定性	Complexity 复杂性	Ambiguity 模糊性
·所处的环境极易发生变化并且十分不稳定，意味着新行业、新业务比以往更容易出现	·许多看似已成定论的事实仍会发生变化并且很难预知，难以用传统的方法去预测这种变化或趋势，也很难用传统的评价方式去衡量一个事物或现象的好坏与趋势	·变量越来越多，构成元素中有许多不可控，管理难度有了大幅度的增加；一个事物具有多维多重属性，影响发展的因素越来越多，预测变得越来越难	·事物或某种关系的边界变得模糊不清，并且跨界，范围扩大到各个方面，难以用传统的方式去定义和划分

图 7-1 VUCA 释义图

2.1 组织规模的小型化

VUCA 时代的跨界、去中心化和产品与服务的快速迭代，要求组织有极高的适配性与灵活性，而组织的规模越大决策效率就越低，也就越容易出现规范有余而灵活不足和信息传递节点多时间长的弊端，而这恰恰是 VUCA 时代与小时代的企业所应当规避的大忌。

同时，由于产品的生命周期不断缩短，意味着新产品的开发也需要加速，一款新产品的研发周期要短于其生命周期，否则很难跟上新产品的迭代速度，所以，需要从组织体系、制度体系和文化体系上进行变革，确保能够匹配产品短周期的要求。

要实现组织规模的小型化，从难到易、从全面到局部，共有三种操作方法，企业可根据实际情况进行选择：

——调整战略，通过业务聚焦 / 市场聚焦来减小组织规模

我始终认为，中小企业永远不要试图去做平台或多元化，应该聚焦于利基市场（小众产品市场）或在大行业、长产业链的某个环节上聚焦、去精耕细作。由于利基市场容量太小，大公司通常看不上也不屑于进入；或者标准化程度低，大公司不愿意为了这些小业务去调整组织和业务。但是，由于中国是全世界唯一拥有完整工业体系和有着十四亿人口的国家，所以从总量上看，这个利基市场其实并不小，完全足以养活诸多的中小企业。

聚焦利基市场去精耕细作，或许不能让中小企业发展成为巨无霸，但可以让中小企业获得一个相对稳定的外部环境，同时能让中小企业在这个利基市场内获得宝贵的生存与发展机会，尽管可能永远也做不大但更容易做强、做久，成为行业里的隐形冠军。例如，日本的紧固件制造企业HARD LOCK，就是一个仅有45人的公司，却是日本高铁新干线上不可或缺的紧固件供应商；一家仅有5名员工的小林研业，为苹果公司的iPod加工了数百万个高精度研磨镜面背板；做轴承的SKF，也是典型的利基市场隐形冠军。

还有一种战略选择是市场聚焦，即进入大行业或产业链长的行业，给大公司或大品牌做配套，尽力避免做成品。大的有如大型工业设备的某些零部件，小的有如一次性打火机，无论是工业品还是民用品，都会有少则数个零部件、多则数万个零部件（有些甚至多达上百万个，如飞机）。这些零部件涉及金属加工、塑料、陶瓷、气体、机电、线缆、橡胶、纺织、石化几大行业，以及相关的上百个配套子行业。

以汽车行业为例，通常有动力总成、底盘总成、车身总成、电气总成这四大总成。除了有BBA、大众、丰田、本田、日产、PSA等世界知名整车企业，更有数量众多的总成/零部件巨头，如博世、ZF、爱信精机、法雷奥、天合、海拉、博格华纳、米其林、固特异等世界五百强企业，更有数不清的给各大总成/零部件巨头提供配套的企业，其中亦不乏隐形冠军，如专门给轮胎企业供应炭黑的卡博特，专门提供齿轮的德国皮特勒、瑞士莱斯豪尔，以及上文提到的轴承第一品牌也是隐形冠军，瑞典的SKF。

在上述汽车整车生产企业里，没有一家是完全自行研发生产，除了核心部件如发动机或变速箱是自行研发生产，其余的总成与零部件全都依赖产业链上下游的配套企业来提供。除了因术业有专攻和专利壁垒的限制，产业链的深度分工、聚焦核心业务与核心产品也是这些五百强企业首先需要考量的关键因素。

选择大行业或产业链长、配套细分行业多的行业，意味着市场容量足够大并且有足够多的差异化空间供中小企业选择；而给大公司或大品牌做配套、不做成品品牌并不意味着要中小企业选择低利润、低附加值的代工模式，而是避开竞争激烈的主战场；做零部件甚至是原料同样可以做成五百强、做成细分行业里的独角兽，虽然并不那么为外界所熟知，但做企业不是选秀，那些虚名远不如被成品品牌或大公司需要，成为其供应链中的一环那么重要。

此种方式是通过重新制定公司战略，即通过聚焦战略或利基市场战略来对业务和产品进行收缩，聚焦于最有优势或最具潜力的业务，并将缺乏优势或潜力不足的业务关停/出售，进而实现组织规模的压缩。这个重大决策不仅关系组织的规模、灵活性与弹性，对中小企业而言更是决定未来发展的路线选择问题，但本书的专业定位是人力资源与组织管理策略，公司战略与业务定位部分的篇幅只是一带而过而不会深入展开，敬请读者朋友们谅解。

——组织改造，将组织分解为多个自负盈亏、独立核算的小单元

当企业的业务或产品所针对的客户群体有多个，并且各个客户群体之间的相似度或重叠度较低的时候，企业就具备了将组织进行改造的基本条件。

常规的做法有三种，一是集团化，即不同的业务或产品部门升级为子公司，总部升格为集团公司或投资控股公司；二是将各业务或产品部门改造为事业部的方式，事业部共享总部的某些职能，如共享供应链、财务、人力、生产制造等，而研发、市场、销售等职能则自己决定或在总部赋予的权限下行事；三是采取虚拟利润中心制，将那些不直接从事销售而是提供诸如市场、人力、财务、行政、法务等职能

的支持部门所提供的服务进行内部定价，各业务部门向这些支持部门采购服务，实现内部各部门的虚拟经营、独立核算。

上述三种方法中除了第一种，其余两种都能在机制（定编控制）和政策（自负盈亏）上促使事业部或各部门去主动控制人员规模，但从实际情况来看，第三种方式的效果最好而且更适合中小企业采用。

第三种方式属于运营和组织层面的解决方案，仍然不能彻底解决公司战略（利基战略）和业务定位（业务聚焦/市场聚焦）的问题，但这种方式有个最大的优点：适合那些有创新思维或创新想法的研发人员在组织内实现内部创业，而采取此种方式的企业，总部能够扮演孵化器的角色，有利于让新创意和新技术用较低的投入和较小的规模实现新业务和新产品的商业化，降低试错成本。

——非核心职能社会化，以减少人员规模

理论上，企业所有职能都可以由自己来完成，但"麻雀虽小五脏俱全"的模式显然不适应所有规模和所有行业的企业。中小企业无论是资本实力还是人才密度都无法与头部公司或大公司相比，也不适合跟头部公司发生直接的正面冲突，而应采取"非对称竞争"的方式——更具体的表述是，不求全面接近或超越头部公司的条件，但通过聚焦资源于核心职能与重要职能，如研发设计或生产制造，去提高企业的核心竞争力。因为外包最大的优势是可以灵活用工，可以按需采购甚至是相关岗位的完全社会化，如法务外包给律所、财务外包给财务公司、IT运维外包给IT服务公司、设计外包给设计公司、宣传推广外包给营销/公关策划公司等。

由于第三方公司是凭此专业谋生，所以专业度通常都要比企业的人员更高一些，更重要的是外包公司服务过许多企业，有较丰富的行业经验和广阔的视野。而且由于是按结果或按周期计费，第三方公司可以同时服务多家企业，如此一来劳动生产率就提高了许多，带来的结果就是相关外包职能的成本费用比企业自建的要低不少。因此，将非核心与不擅长的职能社会化，既可以控制组织规模，又可以降低人力成本，提高专业化程度。当然，第三方机构的选择就显得尤为重要。

企业在将非核心职能社会化之前，还需要建立起供应商评价标准，去全面评估第三方服务供应商的水平、资质以及服务的地理范围，确保非核心职能在外包之后不仅能降低成本，还能提高专业化程度，否则非核心与不擅长职能的社会化就失去了意义。

2.2 组织层级的扁平化

信息的传递路径越长、经由的层级越多，不仅会降低决策效率，也会导致信息失真。尽管组织扁平化的说法已经提了近二十年，但在当前却依然极具意义，因为组织层级的扁平化天然就适合VUCA时代与小时代的需要。

尽管企业的组织层级究竟有几层才是最好的并没有通行标准，但基本的原则是不应超过三层，如决策层、监督管理层和执行层；但是特大型企业集团会多至四层，即多了一个集团决策层。而对于绝大多数中小企业而言，管理层级其实可以控制在两层或两层半——前者是副总兼任某些部门的负责人，"降维"行使部门领导的角色和责任，后者是副总充分授权其分管部门负责人，不直接从事其分管部门的具体工作，只承担协调、监督、评价、整合的职责，此之谓"两层半"。

市面上有许多成熟、可靠、便捷的各类办公软件和信息系统，其中综合性价比和兼容性最高、适用范围最广的如钉钉。通过包括钉钉在内的办公软件/移动办公App，能够显著延伸管理的触角和提升管理的有效性，让总经理/副总级直接介入到企业和员工的日常管理变得更加容易且成本更低，这为压缩管理层级、让组织扁平化创造了坚实的保障。简言之，在过去由于技术手段的限制或信息化成本较高等因素，组织层级的扁平化还更多地停留在理念阶段。但在当前，移动办公和互联网技术能够让组织扁平化变得更容易实现。

2.3 组织形式的项目化

组织形式的项目化或组织结构的项目制化，最早见于高科技企业与互联网公司，之所以最早在这些行业里出现，与这些行业的业务属性有着直接关系。例如，新业务、新产品的开发频次高、更新迭代速度快、市场容量不明朗、没有参照系，所以只能用试错的方式去验证。为了控制风险尤其是系统性风险，需要设置"防火墙"进行风险隔离，而项目制的方式就能够将风险圈定在一个较小的范围内。

此外，项目制还能将风险进行分散，不把鸡蛋（各新业务和新产品）全都装到一个篮子里，所以才要将各新业务、新产品的开发以项目组或类事业部的组织形式在企业里同时存在：一旦某个项目取得进展并具备商业化的潜力，公司就组织相关资源迅速将这个项目组所开发的新业务、新产品进行大规模商业化；即便研发失败或短期内不具备大规模商业化的条件，在研发和试产阶段产生的成本也能够为企业所承担，而不会因某一个新业务、新产品的研发失败让整个公司被拖垮。

项目型组织还能在不同项目之间灵活地配置人员，例如企业里的某个项目缺人，可以通过总部相关部门或分管项目群的高管来调配，或者在某个项目结束之后解散项目组，那么原有的项目组成员又可以调配到其他新项目或老项目中，这对提高员工的工作饱和度、灵活调配和控制冗余有着明显的作用，也有利于项目组间分享成功项目的经验并规避失败项目的错误。

3. 组织变革，文化先行

人对确定性、稳定性和安全感的追求与生俱来，对不确定的、陌生的、复杂的、多变的事物有着本能的抗拒，而 VUCA 时代的所有特点几乎都是人性所厌恶和排斥的。这就意味着企业在推动组织变革时，首先需要克服的一个最大也是最难的阻碍，就是让员工敢于直面天性中对易变性、不确定性、复杂性的厌恶与排斥，学会拥抱 VUCA 时代甚至是主动求变。因此，从推动组织变革的顺序考虑，应该是先推行文化变革，再推行组织变革。

总体上，在组织变革之前的企业文化变革中，在企业文化的内涵上，使命与愿景部分不会变化，需要变化的是价值观与应用层面的经营理念与管理理念，具体的内涵变化如下文所述。

3.1 价值观里应树立和强化员工的适应性和拥抱变革的新内涵

无论我们是否愿意，我们都再也回不到过去那些几十年不变的大时代，我们所处的是一个充满了易变性、不确定性、复杂性和模糊性的 VUCA 时代，一个一切事物的生命周期都变得短平快、跨界无所不在的小时代。

既然变化是常态，那么大到企业组织、小到员工个体，都应该具备良好的环境适应性和积极主动拥抱变革的心态，尤其是许多传统行业都在进行或即将进行组织变革或组织转型的当下；因此，组织形式和组织架构层面需要提高适应性和主动变革的条件，在企业文化层面尤其是核心价值观层面，更应当树立和强化这种主动创新、拥抱变革、持续学习、兼容并蓄的价值观。

3.2 经营理念需立足 VUCA 时代的互联网化与跨界化的要求

工业时代的企业成功要素归根结底通常有三点：更好、更新、更便宜，对应更优良的品质、更先进的性能、更低廉的价格，这三个 KSF 通常对应的经营理念有追求质量、追求卓越、追求效率，而工业时代的企业只要做到这三点中的任一点，基本上就能在竞争中获得一席之地。但是，VUCA 时代的企业 KSF 并不仅仅是上述三点，其经营理念在快速变化和充满不确定性与模糊性的环境下，受全行业互联网化这种趋势的影响，还需要注入一些全新的内涵，例如跨界思维、平台思维、用户思维、社群思维、爆款思维、生态思维、极简思维等。

企业需要将这些全新的内涵转化为企业文化的经营理念，从而影响各级员工的认知与心智，而不仅仅是将这些新内涵、新思维用制度规则的方式去表达。通过长期的潜移默化，让企业的经营理念与时俱进，快速地适应和融入VUCA时代和小时代，而不是被时代抛弃。

3.3 管理理念应包含开放、平等、分享的重要内涵

工业时代的企业管理学家，无论是法约尔还是泰勒，其管理思想都有一个共同点，即主张计划、有序、受控，并强调权威、强调服从。尽管这些内涵在当前也同样重要，但在具有高度易变性、不确定性、复杂性和模糊性的VUCA时代，以及跨界成为主流、新模式与新业务不断涌现的当下，强调计划、有序与受控、强调服从的管理理念就显得有些不合时宜。企业需要对这些基本的管理内涵进行调整，赋予更多符合时代要求的新内涵，例如开放、平等、分享，这是包括"90后""95后"和"00后"乃至所有年龄段的员工都普遍认同的主张。

行业跨界、产品跨界的属性必然要求企业的对外边界和内部的部门边界更加开放，否则会阻碍跨界融合的实现。而在"90后"已经成为职场中流砥柱的今天，"95后"和"00后"也开始崭露头角，他们所掌握的知识和信息不仅远超"70后"和"80后"的父辈，在群体特质上也普遍追求小确幸，更推崇平等、分享，但也更爱自己的特点。这就意味着，如果企业不及时调整管理理念并与员工的普适诉求贴近的话，很可能会影响员工的招聘和稳定性，甚至会严重阻碍企业的健康可持续发展。

第8章

企业改制与用工方式管理

> **本章导读：**
>
> VUCA时代和小时代的特点在深刻地影响着企业的发展战略和运营管理，而人口结构的变化与互联网技术、AI技术的应用范围不断扩大，也会改变企业的人力资源管理对象、管理内涵以及用工方式。换言之，企业需要在VUCA时代和小时代背景下，重新定义人力资源管理方式与用工方式，并对所有制进行相应的调整。

1. 企业用工方式的两大变化——短期化与社会化

短期化与社会化用工的方式早已存在但发展速度一直不温不火，2019年年末开始的新冠疫情则加速了这两大变化。相信在不久的将来，短期化与社会化这两种用工方式的占比将会逐年提高，并成为主流的用工方式。

1.1 短期化用工的背景与成因

VUCA时代和小时代典型的易变性、不确定性、复杂性和模糊性，以及跨界和短平快的特点，让行业、企业和产品的生命周期大大缩短，这将直接导致员工在企业里的任职周期变短。因为不确定性和周期短的特点，让企业很难去规划长期发展方向和战略，也很难预测企业未来的市场地位、销售收入和员工规模，这就迫使企业不得不采取更为灵活和弹性的方式去雇佣人员，从而减少在不确定和短周期的环境下所承担的刚性成本与风险，而短期雇佣尤其是基于任务或项目的短期雇佣方式的占比会逐年提高。

事实上，雇佣周期的短期化在房地产、建筑施工、装修装饰等行业早已存在，这是由这些行业的经营方式和业务特点所决定的——完成一个项目之后如果没有新项目，就意味着企业没有营收，而人力成本一直在发生，企业只能依靠过往的经营积累来维系日常支出，因此项目空档期越短越好。为了保证刚性的人力成本最小化，并确保新项目的开发，重要的职能和岗位需要长期雇佣，例如商务、营销、规划设计等部门，这些项目型运作的企业在销售、施工、安装等部门都会选择基于任务或项目的短期雇佣方式——任务完成或项目结束，则意味着雇佣关系终结，或者彻底将这些职能分包给第三方机构，实现彻底的社会化，详见下文相关说明。

1.2 社会化用工的背景与成因

用工方式之所以出现社会化，主要是为了解决制约企业发展的两大难题：一是人才不足；二是成本压力和企业聚焦受到制约。具体如下：

——缓解人才不足的主要对策

大多数中小企业尤其是地处小城市的中小企业，几乎都没有与大公司或头部公司争夺人才的资源和能力。尽管在理论上可以通过各种融资来开出高薪，但这种高薪通常很难持续而且本质是在赌博；其次，合伙人制不是万能药，不是所有行业也不是所有规模的企业都适合导入合伙人制，并且在区域和城市的选择上，合伙人制通常更适合为一二线城市的企业导入。

每个企业都想用最小的代价、最低的成本吸引一流的人才来加盟，想法很美好但在现实中却不太可行。一分钱一分货的道理不仅适用于商品，也适用于人才；或许偶尔会碰上捡漏的机会用一分钱买到两分货，但这毕竟是小概率事件而非常态。那么，对于资源不丰富、条件不优越的中小企业与初创企业，应该如何吸引一流人才来为其服务呢？

还是从本质谈起——企业招募人才不是目的，招募到人才来解决问题、创造价值才是最终目的。容易被忽略的是人才也是希望门当户对的，很多问题不能用薪酬来衡量，还有企业文化、企业氛围、管理水平、领导者魅力以及企业的知名度和美誉度这些非经济因素，但这些因素都是中小企业和初创企业在短时间内很难跟头部公司PK的短板。但是中小企业和初创企业又存在迫切的解题需要，如何解题？当然不是劝企业降低标准，而是用社会化、外部化的方式来解题！

要缓解人才不足的问题如同喝牛奶。要喝牛奶至少有三种方法，一是自己饲养奶牛，自产、自销、自用，其代表是雇佣制；二是委托别人替你养奶牛，产出的牛奶自己去消化，其代表是承包制或合作制；三是自己既不饲养奶牛又不委托别人代养，而是从外部购买现成的牛奶，其代表是外包制。如果有多种方法可以让企业用更低成本获得更高品质的牛奶，又何必坚持自己饲养奶牛呢？

其实还有第四种方法——自己饲养奶牛和雇人饲养奶牛都是手段而非目的，目的是喝到高品质的牛奶，但其实喝到高品质的牛奶也不是最终目的，要获得牛奶中的营养成分、让身体获得日常所需的营养成分才是最终目的。那么，把这个例子进一步延伸，如果也买不到高品质的牛奶怎么办？其实问题也可以解决：即分析牛奶里的成分，用与牛奶的营养成分相近或效果类似的营养剂来取代牛奶。

社会化用工就是一种专门针对人才不足或招聘难度大而创造出的方法。

——控制人员规模、提高人力成本弹性和聚焦核心能力的主要对策

对企业而言，理论上所有职能都可以由自己来完成，但"麻雀虽小五脏俱全"的模式显然不适应所有规模和所有行业的企业。中小企业无论是资本实力还是人才密度都无法与头部公司相比，也不适合跟头部公司发生直接的正面冲突，而应采取"非对称竞争"的方式——更具体的表述就是，不求（事实上也很难）全面接近或超越头部公司的条件，但通过聚焦资源于核心职能与重要职能（如研发设计、生产制造、物流供应链等），确保核心职能与重要职能岗位的条件接近甚至超过头部公司的水平，而其他非核心或不擅长的职能，要么采取低薪策略，要么将其外包给第三方。

通常，外包效果会更好，因为外包最大的优势是可以灵活用工，可以按需采购甚至是相关岗位的完全社会化，如法务外包给律所、财务外包给财务公司、IT运维外包给IT服务公司、设计外包给设计公司、宣传推广外包给营销/公关策划公司。

由于第三方公司凭此专业谋生，所以专业化程度通常比企业的人员要更高一些，更重要的是外包公司服务过许多企业，有较丰富的行业经验和广阔的视野。而且由于是按结果或按周期计费，第三方公司可以同时服务多家企业，如此一来劳动生产率就提高了许多。因此，将非核心与不擅长的职能外包，既能降低成本还能提高这些职能的专业化程度。当然，第三方机构的选择就显得尤为重要。但其实将非核心职能社会化最重要的意义在于：与其什么都做但什么都做不好、做不精，不如聚焦所有资源专注到某个重要的职能或领域，以求实现局部突破；而不擅长或非核心职能，则交由社会机构去完成，因为第三方社会机构能够用更低的成本、更高的专业化程度来完成这些不擅长或非核心的职能。

美国的外包市场就非常发达和成熟，企业里的绝大多数职能和事务都可以交给专业的第三方机构来完成。而在国内，外包行业出现的时间还很短，距离专业化、规模化、品牌化运作还有较大的差距，但毫无疑问这是一个趋势。而当前的人口结构变化又进一步加大了企业端的用人压力和招聘压力，所以要解题的话，显然不能只通过单一的方式，除提高精细化管理水平以及压缩编制、提高人效等方式，或者通过少人化、无人化、智慧化等科技手段外，非核心职能或不擅长的职能与岗位的社会化，也是一个比较成熟且低成本的解决方案。

2. 从员工关系到伙伴关系——雇佣关系的演变趋势

在工业时代，无论是工业品还是消费品，其更新迭代的周期普遍都很长，短则十多年、长则数十年甚至近百年。因为在工业时代还没有互联网技术，信息传递、扩散的速度和规模远远小于当前，而且人与人之间、企业与企业之间的接触只能通过面对面或信件、包裹、传真等方式，沟通效率低、沟通成本高、沟通周期长——这几个重要特征都将直接影响社会的发展与产品的迭代周期、速度。因为在那个时代，较长的行业生命周期和较长的企业生命周期才是常态，而较长的行业生命周期与企业生命周期，能够让职业的生命周期也相应延长。

以我们的父辈为例，他们中的大多数人终其一生几乎都只在一家企业工作，并且在一家企业里数十年间都未曾调换岗位，这种现象比比皆是。但大约从"90后"步入职场的元年（2012年开始，以22岁大学毕业开始工作计算）开始，这一现象发生了明显改变。例如，早年的团购行业到互联网行业再到共享行业（实为租赁行业），是最早出现这种特征的几个行业，并且这一趋势开始从互联网行业和新兴行业向传统行业蔓延，即新行业的出现到消亡也不过是三五年的时间。

而即便是汽车、消费品、贸易零售等传统行业，也开始逐步呈现出小时代的特征，例如汽车的垂直换代时间已经从二十年前的平均每八年一次变成当前的平均每3~4年一次，而消费品行业无论是快速消费品还是消费电子，产品生命周期更短，平均不到两年时间。与之对应的是，现在我们已经很少再看到某个人毕业之后只在一个行业、一家企业工作的情况。我认为，在个体层面的频繁跳槽与更换职业和行业，以及多个行业、产品和业态的生命周期持续缩短的背后，其实折射出了社会正在进行一场缓慢但不容阻挡的巨变！

为了适应这种巨变，企业组织势必要完成相应的进化，需要摒弃稳定或大规模，从而转为追求灵活性、适应性和弹性——而企业组织规模越大通常意味着越僵化、越迟缓，船小才会好调头，规模大对很多行业而言可能已经不再是一个褒义词；更精巧、更快速、更灵活的组织才是未来赢得竞争的关键因素之一。而这种趋势又必然要求企业控制规模并且保持弹性。那么，通过灵活用工、短期雇佣甚至将大量的非核心部门和非核心岗位社会化的方式来应对因短暂的产品生命周期、快速变化的业务需求所产生的新的知识和技能需求，并且提高人力成本的弹性，避免过高的刚性成本和重资产运营难以应对VUCA时代和小时代挑战的情况出现。

这种变化作用到企业的员工身上，就是长期从事某个职业或长期在某个行业工作的情况将会越来越少。尽管理论上员工也的确应该不断地更新自己的知识结构以适应环境的变化，但人的精力终究有限，绝大多数人都很难做到活到老学到老。那么，伴随着这些新业务、新产品与新技术而产生的新岗位，就需要用外部化的方式来解决。因此，短期雇佣、灵活用工与非核心职能社会化，必然会成为一个无法阻止的趋势。同理，作为职场人，除了持续不断地学习和掌握新的技能，还将不得不面对短期就业、弹性就业，或者在不久的将来，同时为多家企业服务、靠专业技能谋生的状态。

我们以后仍然会工作，但场景和身份会不太一样；无论你我是否愿意，我们当中的大多数人在未来都有更多的身份与职业。如果我们无法改变这种趋势，那么我们只能提前做好更充分地准备，去适应这种变化。对企业如此，对个体亦是如此。除此之外，还有一个更可怕的竞争对手是AI在我们身后虎视眈眈——我们大多都能跑赢竞争对手，却不一定能跑赢AI，除非我们身处AI在我们有生之年还无法达到的山腰或山顶，泰格马克在《生命3.0》中如是说。

除上文提到的企业用工方式已经开始出现短期化与社会化这两大趋势外，员工与企业、雇员与雇主之间的关系，在传统的雇佣制之外，在未来也会出现两种新型关系。

2.1 合伙人关系

合伙人制已经开始从智力密集型行业，如管理咨询、律师事务所和会计师事务所等行业向其他行业蔓延，这是企业未来将会出现的一种新型的雇佣关系。但是，合伙人在法学上是一个很宽泛的概念，当前企业界盛行的合伙人制，在法律意义上可能会存在三种：一是真正意义上的股东合伙人；二是业务合作层面的甲乙方关系；三是名为合伙人实为员工身份的合伙人。

除了上述第一种和第二种，就企业所推行的第三种意义上的合伙人制而言，尽管员工的称谓变成了合伙人，但双方实质上还是雇佣关系，依然受到《劳动合同法》的约束，只是企业为了激励员工和拓展员工的职业发展空间所设计的一种激励机制。

只有出现在公司章程和股东名单里并且享有股份也经过了工商局或其他主管部门的法律确认，才是真正意义上的合伙人（也叫股东合伙人）。一旦成为股东合伙人之后，企业与员工之间就不是雇佣关系，应用《公司法》或公司章程来对合伙人/股东之间的权利、责任与义务进行明确。但是，股东合伙人制涉及许多法律条款，操作复杂度较高，更重要的是还需企业设计好合伙人的进入与退出机制，因此当前多数企业所实施的合伙人制其实都是业务合伙人制而非股东合伙人制，依然受到《劳动合同法》的约束，但优点是操作相对简单，更适合广大中小企业应用。

业务合伙人与股东合伙人之间可以互相转换，并且企业可以同时推行业务合伙人制与股东合伙人制，两者并不冲突，两种合伙人制各有利弊和适用对象。无论是业务合伙人制还是股东合伙人制，其本质都是为了更好地拓展业务、调动一切资源去把业务做大，把企业做强，因此，选择哪一种合伙人制，还需要结合业务属性和企业的实际情况。

关于合伙人制的利弊，下文中会有详细叙述。

2.2 甲乙方合作或联盟关系

即使企业的薪酬福利水平再高、晋升机会再多、提供的职级再高、培训机会再多，也总是会有员工选择跳槽或者辞职创业。员工跳槽并不一定是为了更多的收入或更高的职位，有时候就是单纯地想换一个环境或者换一个行业。而员工辞职去选择创业的话也分为两种动机：要么是员工一直对创业有梦想所以选择创业去圆梦，哪怕最后会失败也还是会义无反顾；要么是员工已经不打算再打工而是选择将创业作为职业生涯的新起点，并且也做好了充分的创业准备。

如果员工辞职是受后两种动机驱使，而且员工愿意与企业保持业务往来，该员工又的确有过人之处值得保留或保持合作，那么企业可以考虑将其发展为甲乙方合作方式的联盟关系，即如果员工创业所从事的行业或业务，与企业有较高的重叠度或关联性甚至是高度相似的话，那么企业不妨调整身份，从雇主转变为投资人或甲方——将员工创立的企业纳入供应商名录，或者将其发展为业务合作伙伴，企业给其提供基本的业务兜底，例如，给一些订单或合同，让该员工创立的企业不为初创期的订单发愁；或者构建业务联盟，将其纳入联盟当中，实现业务互补或合作，将竞争关系调整为竞合关系。如果双方彼此都有意愿的话，企业甚至可以提供部分注册资金，以参股但不控股的方式成为该员工创立企业的股东，实现更加紧密但又彼此独立的合作。采取此种操作方式，企业会有两个收获：一是避免了未来极有可能发生的直接竞争，将潜在的竞争对手转变为命运共同体；二是通过这种广泛投资的方式，用低成本实现"体外"的业务创新与技术创新；三是大大提高了核心人才的挽留效果，最大限度地降低了因人才流失导致的竞争力下降。

尽管从适用法律和员工身份的角度来看，员工辞职注册公司成为独立法人，与原雇主的关系就已经超脱了雇佣关系的范畴，而是属于企业之间合作的范畴，但这种多主体的方式源自雇佣关系，也正是因为曾经有过雇佣关系做注脚和背书，所以两个不同主体的甲乙方关系与陌生的甲乙方关系有着很大的区别。

一言以蔽之，既然留不住人才，那就好人做到底——帮助曾经的员工用更短的时间、更低的风险、更少的投入去创立事业，这样收获的远不只是人心，更有广阔的未来。

3. 合伙人制的能与不能

陈可辛导演的《中国合伙人》热映之后，"合伙人"一词开始频繁出现在各媒体的文章报道里，尤其是在近两年，合伙人招募已经成了各大招聘网站最热的职位之一。或许是这些企业看了电影后的顿悟，也或许是受到了阿里集团当年"十八罗汉"成功经验的启发，已经有越来越多的企业将合伙人这个职位作为重要的招聘岗位在各大招聘网站投放广告，希望通过合伙人来实现某些业务的快速、低成本开发，甚至已经有许多企业开始用合伙人来取代诸如副总、总监与核心骨干等职位。

但是，是真合伙人还是假合伙人，企业需要先回答下面几个问题再行决定是否以及如何实施合伙人制。需要强调一点：合伙人制不是万能药，不能解决所有问题，并且推行合伙人制有着严格的要求和条件。因此，先弄清楚这几个问题的答案再决定也不迟。

3.1 合伙人的定义

合伙人的英文 partner 里，part 含有"部分"和"参与"的意思，而 ner 这个后缀则有 ×× 人、×× 者的意思。因此，英文 partner 除了可以翻译成"合伙人"，也可以翻译成"搭档""舞伴"。

还有最通俗的理解：跟你一起做事业、参与到事业过程中的人，就是你的合伙人。但是从实际情况来看，合伙人也分成两大基本类型，这两种不同类型的合伙人之定义和优缺点如表8-1所示。

表8-1 合伙人的两大类型与优缺点对比表

合伙人类型	主要优点	主要缺点
股东合伙人	1. 投入了资金，归属感和责任心通常高于业务合伙人 2. 有助于吸纳资金、扩大企业实力 3. 相对更加客观和规范	1. 多数股东合伙人只有资金，没有企业最稀缺的客户、技术或能力 2. 有较高的因利益或风险而反目成仇的隐患 3. 股东合伙人之间不一定能互补，选择、物色合适的股东合伙人的成功率较低、难度较大
业务合伙人/外部合伙人	1. 深度参与公司的业务开发与运营，通常能提供股东合伙人所不具备的独特资源与能力，例如技术、人才、客户等 2. 准入门槛低，有资源/有能力即可入伙，成为业务合伙人 3. 由于准入门槛更低，物色难度大大降低 4. 企业无须承担较高的人力成本或只需承担极低的人力成本，如社保费、办公费等	1. 对业务合伙人的身份认同感和企业的归属感较低 2. 对创始人所从事的事业与创始人的个人魅力有较高的要求 3. 甄别业务合伙人的资源与能力之价值和真实性的成本和难度较大 4. 创始人或入伙企业在业内需有一定的口碑与地位，并具备较吸引人的条件，否则难以吸引业务合伙人入伙，存在较高的流失风险

业务合伙人/外部合伙人其实是发起人（公司或自然人）为了吸引那些具备异质性资源或独特能力（如技术、市场、客户、渠道等）的个体而设置的一种开放模式的加盟机制，旨在弥补因创始人/创始人团队自身条件与资源的不足，尤其是弥补客户资源与技术能力的不足。因此，合伙人模式最早见于律所、会计师事务所、管理咨询公司等智力服务行业，这印证了合伙人制最大的优势和适用范围，只不过当前合伙人制已经从智力服务行业蔓延至其他传统行业。

合伙人与股东两种身份可以重叠，但合伙制的目的是开放平台，让有价值或有用的自然人或法人加盟！

3.2 合伙与合资的区别

"合伙"与"合资"仅一字之差，但区别很大。合伙是广泛深入地参与到事业与经营管理活动中，体现了参与的程度和各自的分工，但合伙未必会参与投资；而合资仅仅是出资，也就是法律层面的股东身份。尽管从法律上去理解，所有的股东都是合伙人，但合伙人却不见得是股东。事实上有许多企业的股东并不能算是完整意义上的合伙人——只投资却不参与运营和事业的股东其实是不作为的股东，更是不作为的合伙人。

尽管合伙人的职能和职责各有侧重，例如有些侧重于融资、有些侧重于技术、有些侧重于营销、有些侧重于运营，但还是应该将融资职能与股东的出资（原始投资）区分开来，因为外部融资与股东之间的创业投资存在本质上的区别。

如果是为了解决融资问题，最佳实践是创始人团队（所有创业股东）从外部机构中寻找个人或机构投资者，如种子轮、天使轮、VC的PreA和A轮；如果公司没有上市计划或出于某些原因而不能上市，也可通过吸引战略投资者来投资，其中，创业股东按照各自的分工和特长，去各自物色相关资源（如资本、人才、渠道、客户等）即可。

所以，如果是引进投资者，其实最好的方式是寻找各种轮的机构/个人投资者，让他们成为投资者，而不太适合去寻觅投资合伙人，因为企业就算是找到了别人也不信，因为水太深而投资人担心被骗；但如果是因为缺某些技术、渠道或客户，那么通常更适合通过合伙人制来引进掌握或具备这些资源与能力的个人加盟。当然，对方来不来、什么阶段适合引进以及怎么引进，在下面的章节中我会提出自己的思考。

如果企业正打算引进合伙人，请务必想清楚到底想通过推行合伙人模式去实现什么目的或解决什么问题，这一点非常重要。

3.3 合伙人制的目的和功能

尽管目的各不相同，但归结起来合伙人制的核心目的只有一个：通过制度设计，让掌握或具备特定资源与特定能力的人加盟，让他们成为公司的一分子，或者基于共同的目标与共同的利益而联结在一起，各取所长、各取所需，成就彼此各自或共同的事业。

需要注意的是，推行合伙人制的目的是让那些具备特定资源与特定能力的人才加盟，而不是（或者不只是）为了引进投资者——前者更看重合伙人的资源与能力，而后者通常只看重合伙人的资本，但相比之下前者比后者更重要，更不可或缺。

吸引、保留和激励合伙人的方式有很多，股权与期权是最常用的手段但并非最核心的手段。对合伙人而言，最重要的不仅是收益分配权或股权，还有对发起人或创始人的个人认同以及对发起人或创始人所从事的事业的认同，而后两者才是合伙人机制设置里最关键的方面。

我的建议是：请神容易送神难，赠予股权或期权很容易，但股权与期权并不必然能够换来那些真正有资源、有能力、有事业心的合伙人；在考虑股权与期权赠予或认购之前，通常应该设计好相应的退出与变现机制。同时，从安全与可持续的角度，应该先设置相应的准入机制，再设计参与权（分工合作）和收益分配权（收益分配权不必然要求占股或持股），这样的合伙人机制才能够最大限度地减少因物色不当、性格不合或三观不合所导致的反目成仇或散伙。

一句话概括：如果是缺钱想融资，最好找各种轮的投资者而不要找合伙人融资；如果是想找具备特定资源或特定能力，与自己彼此互补的人，最好找合伙人，无论是专业技术合伙人还是区域市场合伙人。至于合伙人是否有必要发展为股东合伙人，则首先要看加盟者的意愿，其次是在完成了初步磨合并证明彼此能够被对方需要之后。

3.4 合伙人制适合什么企业

理论上合伙人制适合所有行业、所有规模的公司，但实际的适用范围并没有想象的那么广泛。合伙人制所对应的行业限制较少，但企业规模与发展阶段的限制反而比较多——通常初创期的企业，以及计划推进组织变革或业务变革的企业会比较适合推行合伙制。主要有如下三个方面：

首先，初创企业普遍缺乏人才尤其是核心人才，所以创始人都会比较求贤若渴并且合伙人加盟的门槛相对较低。大家耳熟能详的阿里集团早年的创业元老里，当前的首席人力官（CPO）童文红，当年就是从前台干起来的，如果不是初创企业，从前台到CPO的逆袭之路在现实中几乎没有可能。

其次，计划推进组织变革或业务变革的企业，由于已经发展到较为成熟的阶段，在业内通常都有一定的知名度，也具备一定的人才吸引能力和人才培育能力，其实并不缺乏有资源、有能力的人才。之所以说这个阶段的企业也适合推行合伙人制，主要是因为要拓宽员工尤其是核心员工的职业通道，特别是帮助员工在传统的职场通道之外拓展一条创业型通道。而合伙人制尽管并非白手起家的创业模式，但在效果上与创业相近，能够满足绝大多数不安分、有创业冲动和想法的员工的需要。例如，海尔集团推行的"未来合伙人"，其实就是内部创业+合伙人制的一种混合模式，不仅能够较好地解决风险共担、利益共享的问题，还能够让员工从"给老板干给公司干"转变为"给自己干"，同时能控制刚性的人力成本。

最后，对于那些不属于初创期也不是计划推进组织变革和业务变革的企业，或者业务较为稳定但也并不缺乏各种资源和人才的公司，如国企、央企与外企，自然就没有推行合伙人制的动机与迫切性（国企与央企是体制限制，外资是没有意愿且大中华区没有权限）；而处在快速成长期与成熟期早期的公司，通常在行业内具备一定的知名度，既不很缺乏资金又不很缺乏资源或人才，当然也没有推行合伙人制的动机。

3.5 合伙人制的推行对企业创始人/创始团队的要求

不是所有行业、所有规模和所有阶段的企业都适合推行合伙人制，并且即便要推行合伙人制，也会面临诸多要求和条件，主要有三类要求和条件：

——**对事业的认可**

如果从事的事业是全新的或者是热门、未来的趋势行业，那么对加盟者的吸引力会大许多，例如互联网、大数据、AI、数字化技术、机器人等热门与趋势行业；还有一种虽然不是全新或热门行业，但加盟者有过相关行业的从业经验并且希望继续从事这一行业或者某些职位的工作，例如管理咨询行业、制造业、影视行业，以及研发、营销、供应链、运营等职位的工作。

马云当年能说服"十八罗汉"加盟，除了他过人的游说能力，也是因为他极具个人魅力和洞察力，预见到互联网和电商未来会迎来高速发展的趋势，才让这"十八罗汉"愿意追随他，去从事一项全新的事业。

因此，对发起人而言，首先是这个事业要有前景，它不一定是热门行业或趋势行业，但必须有发展前景或足够大的市场空间能提供想象，因为你无法说服也无法向加盟者描绘，邀请他们来加盟你的团队在从事一个没有前景或者日渐式微的行业。

——**对创始人/创始团队的认可**

俗话说，不怕没好事就怕没好人，寻找合伙人与成为合伙人的过程如同男女婚恋配对，找对人非常重要。对于发起人而言，人格魅力、专业能力是吸引合伙人加盟的关键条件；对于创始团队而言，团结一心的创始团队、合理的分工、优秀的团队文化与共同的价值观也是非常重要的条件。

历史无法假设，但可以事后诸葛亮。假如马云不是个有智慧、有格局、有气度的创始人，恐怕商业发展的历史就要改写，而我们也许就不会听到阿里巴巴的故事了。

——恰当的时机与恰当的对象

如前所述，初创企业或计划推进组织变革和业务变革的企业，都是恰当的企业。

初创企业如果太过初级、还未有基本成型的商业模式，或者还处在试错阶段或缺乏清晰目标的阶段的话，则并非恰当的时机，就算对外招募合伙人，效果也并不理想，因为谁也不愿冒险或浪费时间，在一个什么都没有、全靠 PPT 讲故事的公司里付出青春。

而如果是成熟阶段的企业，在内部未达成一致或还没有明确的组织变革目标与业务变革的目标时，也不是推行合伙人制或者从外部招募合伙人的好时机。因为这一阶段的企业缺乏合伙人制赖以生存的环境，就算推行合伙人制，多半也会因为内部的旧势力与利益群体的阻碍导致合伙人制无疾而终。

除了上述三类要求与条件，其余的技术要求和法律要求都很容易解决，并不会构成较大的阻碍，此处略去不表。

3.6 合伙人制能解决什么问题、不能解决什么问题

合伙人制不是万能药，所起到的作用并没有某些自媒体宣传的那么大，而合伙人制能解决什么问题、不能解决什么问题，通过表 8-2 可以做一个基本的对比。

表 8-2　合伙人制的效用释义表

合伙人制能解决什么问题	合伙人制不能解决什么问题
人才不足问题：合伙人制能在相当程度上缓解由于企业薪酬福利缺乏竞争力或其他原因导致的人才短缺问题	创始人/创始团队的认同：无法解决因创始人的人品不佳、口碑不好，或创始团队一盘散沙、分工不当的问题
人力成本过于刚性：薪酬福利成本变成费用，而且与经营成果或价值创造挂钩，刚性降低弹性增加，人力成本压力骤降	文化认同：无法解决对企业文化尤其是核心价值观、经营理念与管理理念的认同问题
激励方式单一：除了让人才挣钱，还能给人才更广阔的事业空间，满足人才的野心与自我实现的追求，这是薪酬激励与股权激励不能解决的问题	内斗与内耗：内斗与内耗的原因有很多，但绝大多数都只能由创始人或创始团队自行解决，而无法也不适合通过新加盟的合伙人来解决
个人发展与企业发展不同步：有人爱创业有人爱打工，职位再高也是打工，但合伙人制已经超越了受雇/打工的概念，接近于创业但少了许多投入和风险，属于低风险的平台型创业	糟糕的业绩表现：指望通过引进合伙人来提升或改善原有业务的业绩并不现实，因为涉及重大决策调整，会引发剧烈冲突，但可以通过引进合伙人来做新业务/新产品/新市场，成功率会更高也更易实施

总而言之，指望通过合伙人制来雪中送炭几乎没有成功的可能性，但如果是锦上添花则相对更加容易；并且，企业更适合通过引进合伙人来解决增量市场或新业务、新模式、新产品的开发问题，但存量市场或老业务、老产品的问题还是交由创始团队或股东来解决更为适宜。当然，如果加盟者有成功经验或者特别感兴趣，并且创始团队或股东达成一致并鼎力支持的话则另当别论。但是，引进之后，如何对旧制度与旧体制进行改革，那就不是本书讨论的范畴了，尽管这也相当重要。

4. 人口结构和就业观念的变化对企业招聘与用工方式的影响

企业并不仅仅是出于控制编制、提高人力成本弹性或聚焦核心能力、降低人力成本的目的而选择用工方式社会化，也不只是为了缓解因行业、企业与产品的生命周期缩短而被迫采取短期化的原因，还有人口结构的变化与适龄劳动力就业观念的变化这两大原因。

当前的人口结构变化与适龄劳动力就业观念的变化，对企业招聘与用工方式的影响是长期而深远的，甚至超过了 VUCA 时代企业运营方式变化和人力成本压力与 AI 技术所产生的影响，因为人口结构的变化与适龄劳动力就业观念的变化对企业招聘与用工方式的影响是全行业和全国性的影响，并且这种影响将长期存在。

4.1 人口结构的变化及其主要影响

人口结构的变化主要体现在老龄化与少子化这两个方面。中国早已进入中度老龄化社会，而低生育率和少子化进一步加剧了老龄化程度，尽管政策上已经放开了二胎，但现实是大部分想生的人生不起、生得起的人又生不了（高龄）。老龄化与少子化的影响，最直接的体现是青壮劳动力的总量逐年减少，许多劳动力密集型行业将不得不面临愈发严峻的招聘难问题。

在 AI 与机器人技术真正成熟并且大规模商用之前，人口老龄化与少子化所造成的招聘难、留人难的社会问题难以得到有效缓解。在此之前，企业所能做的就是通过包括社会化用工、提高自动化和少人化程度或智慧化程度，来缓解这一问题。除此之外，还有两种常用的对策也可在一定程度上缓解招聘难、招聘贵、留人难的问题。

其一是进一步提高薪酬福利水平，以提高人员的吸引力和稳定性；其二是通过优化岗位职责和减轻劳动强度或减少工作时长，雇佣那些体能尚好、有一技之长的中老年员工。后者已为日本、德国等步入老龄化社会的国家所采用。在这些国家的企业里，无论是生产工厂还是办公室，随处可见白发苍苍的老年员工依然在工作着，并不会因为年龄大而无法胜任，也不会因为年龄大而不被企业雇佣。例如，奔驰、宝马、西门子、京瓷、松下、丰田等五百强企业，并不总是只有年轻的或高学历的员工在工作，同样有许多六七十岁的高级技工或工程师们还在工作着，这也不会影响这些企业的地位，甚至可以说正是因为这些老年员工的多年经验，带出了一批又一批的徒弟，让其经验和智慧得以代代相传，才让企业的产品始终保持稳定，这是中国企业需要认真学习和借鉴的地方。

人口老龄化与少子化导致青壮劳动力减少，进而对企业招聘与用人构成影响的社会现象，也折射出一个信号：依托劳动力成本优势或人口红利来奠定企业竞争优势的方法已经难以为继，企业需要考虑如何转型升级，向高附加值、高利润领域转型，从而减少对人的依赖和需求。

4.2 就业观念的变化及其主要影响

"95后"和"00后"与"70后"和"80后"在就业选择上最大的区别在于：不再对终身雇佣或稳定性有着强烈的意愿，并且相比其他年龄段的群体，"95后"和"00后"更愿意为了兴趣爱好而工作，不会把收入作为重要的衡量标准，所以裸辞、闪辞等现象常见于他们就不奇怪了。"95后"和"00后"也更容易接受弹性就业、灵活就业和自雇，例如做直播、代购、微商、带货等新职业。

此外，还有一个现象也值得关注。"90后"和"95后"比"80后"更加不爱到工厂上班，宁可在办公室拿4000元月薪也不愿意到工厂拿8000元月薪，尽管工厂里的工作环境、工作强度不比办公室差。还有一个值得思考的现象是：作为互联网原住民的"90后"和"95后"，哪怕是经常加班甚至"996"，他们也更喜欢到互联网公司上班而不愿意到传统行业里工作，这种现象已经不能用薪酬福利或企业文化来概括。但是，个中原因也并不复杂：互联网公司年轻人扎堆、有更多的共同语言，工作环境平等开放、愉快简单。

就业观念的变化对非互联网行业尤其是传统行业的影响，不仅体现在招聘难度和留人难度上，而且对所有传统行业的管理方式方法、领导力和用人理念提出了全新的挑战。

第9章

数据应用管理

本章导读：

大数据已经成为当下学术界和企业界最热门的话题之一，因为大数据的应用范围极广，能给我们的工作与生活、企业运营及社会管理与城市运营带来很大的便利，能显著提高企业经营管理决策的科学性和及时性，同时能够较为准确地对趋势进行预测，仅此一点就足以让大数据成为一个持续时间很长的风口，成为几乎所有行业都竞相追逐的应用。但是，本书所要阐述的并非大数据技术及其应用，而是应用范围更广泛也是对企业来说更重要的基础数据，即小数据应用管理。

企业从创立伊始，每时每刻都在生成各种数据，有销售数据、市场数据、财务数据、生产数据、供应链数据、人力资源数据等，涵盖企业所有职能。将这些离散分布的小数据进行汇总和整理，按照一定的函数对其进行整合与加工，不仅能够帮助企业更好地识别问题、发现隐患、找出成因，还能够在一定程度上对各类事务未来的发展进行预测，能够大大提高各项经营管理工作的科学性、有效性和及时性，并显著降低决策风险。然而，小数据的应用并不需要大数据那般高昂的投入，只需要掌握基本的分析技术和工具，就足以用Excel来实现上述功能。

可惜的是，有许多企业对小数据的挖掘、加工和应用重视不足，导致给企业带来了许多本可避免的错误或因不科学的决策而产生的损失。因此，本章将侧重于介绍小数据的类型与应用范围，以及企业如何在不额外投资且在现有条件下，将沉淀在各部门的数据进行采集、整理和加工，形成能够支撑各项决策的重要参照，将包括人力资源管理在内的各项工作的成效显著提高，更好地支撑企业发展，为日后的数字化转型奠定坚实的基础。

1. 关于数据应用的七个常见误区

数据≠大数据，数据应用≠信息化，不要一谈到数据就联想到大数据；90%的企业其实根本用不上至少目前用不上大数据，能把小数据用好就已经足够了！以下是企业各部门尤其是人力资源部门在开展数据应用时的五个常见误区。

1.1 误区一：数据应用需要依托 IT 技术或其他管理软件

数据应用不等于信息化，如同财务报表立足于数据但不等于一定要上财务软件，道理是一样的。数据应用是一种思维模式也是一种基本的工作方式，而信息技术或各类管理软件则是在工作界面、工作方式和呈现手段上有别于手工录入与 offline（离线）的工作方法。

一定要区分两者的差异的话，企业在导入 EHR 或其他信息化手段之后，数据采集、交叉比对分析的效率会大大提高，并且能更容易地实现与其他类型数据的综合对比，如生产数据、财务数据、营销数据等（通常各管理系统软件的数据统计和导出不需要手工，而是进入系统就可根据需求做定制化导出并自动对比）。但无论是 EHR 还是 ERP 抑或是 CRM 和 SCM 等管理软件，都只是工具而已，工具是没有思想、没有智慧的，至少在未来十年之内都无法替代人类做出决策和判断的，只能通过人的判断和需求来输出和提供不同的数据，并让使用者对不同类型的数据进行比对，以供使用者来根据多维度的数据和需求进行判断与决策。例如，单独看年龄、性别、体温、体重、身高、血压、心率、血糖、血脂、血尿酸等健康指标，医生无法得出更进一步的结论，但如果将上述十项指标的数值放在一起进行全面分析的话，医生就能勾勒出一个人的健康画像，并且准确度极高；而测量这十项指标并不需要什么高科技的装备或设备，更不需要信息系统。

所以，实事求是地说，如果企业规模较大、分支机构较多且为跨区域经营，那么 EHR 无疑比手工或离线统计录入数据的方式要更加快速、更加便捷、更加准确，数据采集、分析和挖掘的成本理论上也会更低，但如果是地方性或只在本地经营的中小企业，那么 EHR 并没有多大的意义和价值。

总而言之，数据应用于人力资源管理时，不一定要求企业有 EHR 或其他信息化手段。EHR 或其他信息化手段只是工具，只能按照软件开发人员的预设实现既定的功能，无法将各个系统与子系统里的数据进行自动导出并进行交叉分析得出使用者想要的结论：首先，软件还不具备这种智能；其次，需求是多样的，包括 EHR 在内的各种管理软件都无法做到提前预设使用者的所有需要。因此，有 EHR 或其他信息化手段不见得就必然能解决企业所面临的 HR 管理问题，而没有这些工具也不会恶化 HR 管理的问题，因为解决 HR 的问题需要依靠的是策略、思路与方法，EHR 仅仅是工具。企业在需用数据管理的知识和方法去解决 HR 管理领域的问题时，关键在于 HR 们需要在脑海里"建模"并构建"算法"，根据目的来选择手段、根据目的来选择采集相应的数据，并根据所采集到的数据开展分析工作，从中找到原因、找出规律，为后续的解题打下坚实的基础。

1.2 误区二：数据应用需要具备 IT 技术或大数据相关技能

数据应用在本质上是挖掘数据、分析数据、整合数据，并根据对多维度数据的判断，得出某些信息、知识甚至是智慧的一种思维方式和工作方式，这与 IT 技术、编程、大数据是两码事，但也有许多交集。

例如，训练有素的财务人员会对财务数据非常敏感，能够通过对几项数据或报表进行解读就迅速还原出公司的经营管理信息，又如，对资产负债表、现金流量表、损益表和库存报表与销售数据进行通盘解读，就能判断企业的经营状况与潜在问题，但多数 HR 们对数据的敏感度明显不及财务人员，所以，本章围绕如何让 HR 们掌握并提高数据应用而展开描述。并且，数据应用从建立到高阶与深度应用，也是一个从静态数据、单维度数据，再到动态数据和多维度数据（属于大数据的范畴）的过程。此外，静态数据和单维度数据，其实就足以还原和解释许多信息，已经足够支撑 HR 们做好本职工作，不必动辄就谈大数据，因为大数据对 90% 以上的企业是没有多大现实意义的，而且要采集真正的大数据，其投资不是中小企业所能承受的，光是一个数据中心的投入就达千万级。再有，许多人谈论的所谓的大数据其实只是多维度数据，并非真正意义上的大数据。

关于大数据（Big Data）的定义，读者朋友们可阅读舍恩伯格的经典之作《大数据时代》，里面专门谈到了大数据的定义、内涵以及应用，其特点如图 9-1 所示。

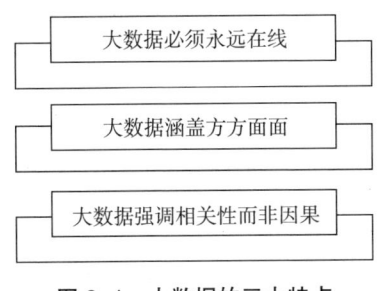

大数据必须永远在线

大数据涵盖方方面面

大数据强调相关性而非因果

图 9-1　大数据的三大特点

如果不是大数据相关部门或岗位的话，小数据的应用完全不需要具备 IT 技术或大数据的有关知识和技能，只需要有跨界思维和基本的 Excel 应用技巧就足够。

1.3 误区三：数据应用对 HR 的专业知识与技能要求很高

虽然"数据应用"这个词汇里有"数据"二字，但从应用的范围、深度和效果来看，与 HR 专业知识与技能、数据分析技能的关系不是太大，对 HR 专业知识与技能的要求也并不高。

当前从学历教育的学科设置来看，无论是本科还是研究生教育，人力资源管理专业更多侧重于管理学原理与理论，传授一般管理与人力资源管理领域的知识与方法；而数据分析、数据挖掘相关的知识，截至 2019 年，在人力资源管理领域学历教育的教材中还未曾出现。但是这并不影响 HR 学习和掌握数据分析和数据应用的基本方法，因为它并不难。

但是，是否能够应用好基础数据尤其是小数据，更多的是考量操作者的战略思维、系统思维和创新思维；如果不是专门学习和从事数据挖掘、数据建模或大数据相关工作的岗位，而是为了实现"从不同维度、不同主体进行数据采集，以获得对人／事／物更加全面和立体的认知，并实现找到规律、预测趋势、获得解决方案"的目的，那么就不必去学 IT 或大数据的知识。但是，战略管理、运营管理、财务管理、统计学的相关知识应该有所了解，这样有助于在脑海里构建"大画面"，即系统思维——这对数据应用和分析解决复杂的问题非常有帮助。

一句话概括，其实就是数据分析在应用时，对 HR 的专业知识与技能的要求更多的是"功夫在诗外"。

1.4 误区四：数据应用有特定的行业或应用对象／环境的要求

只要是企业，无论规模大小、无论什么行业，在经营管理活动中都必然会留下足迹和印迹，也会在经营管理活动中生成各类数据。最近几年开始兴起的大数据技术是通过信息技术，将多样化、多维度、实时更新的数据进行汇总，通过特定模型或算法，从中发掘出具有商业价值或者能对企业的经营管理工作起到提升作用的一种跨界技术，而大数据是 AI 的底层支撑，如果没有大数据、AI 就无法发挥作用（AI 的学习需要依托海量数据）。换言之，先有数据，才有 AI；先有小数据，才有大数据。

不同行业、不同规模、不同成熟度的企业，在日常经营管理活动中生成的数据类型和数据量会有较大的差异。例如，某些特别依赖数据的行业，无论是产品与服务设计、定价等策略都需要依赖海量数据（大数据）。所以，数据应用技术在这些特别依赖数据的行业就显得尤为重要。典型的有金融业，就是一个极其依赖数据的行业，无论是银行、保险、证券、信托、基金等，都离不开数据，包括产品设计（精算）、产品定价（利息）、风控（风险拨备），如果离开数据甚至无法正常经营。可以说这些行业都是立足数据、贩卖数据的行业，如果没有数据作为支撑，企业可能无法正常经营。而从小数据到大数据，本质上是数据采集方式和渠道更加多元、数据更新更加快速（实时）、数据应用更多元（借助模型或算法，例如通过大数据做征信和贷款利率确定）。所以，企业可以从无到有、从基础的小数据应用开始，条件成熟并且必要的时候再上大数据设备与技术，以扩大分析、判断、预测的及时性、准确性和范围。

基础数据或小数据的挖掘和应用，对应用环境的要求其实非常低——就算没有大数据的软硬件设备、就算没有电脑，同样可以应用，不过是效率低一些、速度慢一些而已。换言之，数据应用特别是小数据应用的关键不在于软硬件设备，而在于人，在于操作者。

1.5 误区五：数据应用能解决 HR 管理的六模块问题

数据应用、数据挖掘与分析工具方法不是万能药，不能解决所有问题，并且无法脱离 HR 各模块的技术或方法来解决问题。但是，将数据应用于 HR 管理领域时，能给 HR 全新的视角和方法，能让 HR 们在分析问题和解决问题时可以更加有理有据，让部分不太容易量化的 HR 工作可以通过数字、报表、图形的方式来呈现。更重要的是，养成数据思维并掌握数据应用的方法，能够将 HR 的各项工作中所生成的数据与研发、生产、营销、服务等其他职能或部门所生成的数据进行汇总与整合，再根据特定的模型或算法，挖掘出更有价值的信息，从而为企业的人力资源管理活动以及决策工作提供及时、准确、高质量的依据，这才是 HR 开展和深化数据应用的关键所在。

要提高 HR 管理工作的成效，底层是六模块的专业知识与技能，往上则是战略管理、一般管理、财务管理、项目管理等；而数据思维或数据挖掘、数据分析与数据加工 / 整合能力，则更像是一根线，将不同模块之间、将底层各项业务活动、管理活动与上层各领域连接起来的一种心智模式和解题方式。

1.6 误区六：对数据分析抱以不切实际的幻想

企业在经营管理过程中的所有活动，都可以通过数据的方式来记录和表达，而数据分析最大的价值恰恰在于可以将离散的、庞杂的、不规律的数据进行分类，并根据相应的算法或逻辑进行统计和总结，从中挖掘出能够阐述趋势、表达规律的数据集，从而为决策提供依据。但是，数据分析本身并不能替代决策，企业更不能只通过数据来自行解决问题，一切经营管理问题的解决最终都需要依赖并回归各职能管理，并由人去下达指令，最后通过人或机器设备来实施和解决。

例如，通过数据分析了解到库存天数异常、客户采购的种类与规格、人员离职率分布与结构构成和原因等，但找到了答案不代表问题得到解决；找到了问题的成因和事物的发展趋势，能够给企业相关人员预警并缩小解决问题的范围，但最终要解决问题，还是需要依靠人员或机器设备。

无论是大数据还是小数据，都不是万能药，对数据分析抱有不切实际的幻想是危险的也是不负责任的。

1.7 误区七：对应用环境没有要求

任何一个管理思想、管理工具的实施，都需要合适的应用条件和环境。以BSC（平衡记分卡）和OKR为例，BSC的应用环境要求企业具备基本的绩效文化和底层绩效数据作为支撑，同时要有清晰的竞争战略方案与宣贯。在BSC的四个维度里，缺少任何一个维度或任何一个维度的基础不扎实，都会让BSC的实施打折扣甚至难以起效。

同样，起源于谷歌公司的OKR，本质上是一套目标管理工具，但被改良后成功地应用于科技公司谷歌，许多人只看到了OKR的作用，却忽略了能用好OKR的谷歌公司有着扎实的目标管理、项目管理、知识管理体系；而如果没有这些扎实的体系作为支撑，OKR不可能得以在谷歌公司成功实施。

数据分析同样有着较高的应用环境要求。相比之下，小数据分析对应用环境的要求很低，只要企业有相应的数据记录，包括采购、研发、生产、营销、客服、质控、人力资源、财务等，就基本能够满足小数据分析和应用的要求。而大数据分析对应用环境的要求很高——不仅需要有来源多、可靠性高的小数据，更依赖通过各种设备设施所采集到的实时数据以及从外部获取的宏观数据与行业数据（如天气数据、经济数据、流量数据、产能数据等），并且大数据的数据来源比起小数据的数据来源多出了不止一个量级，这就要求企业具有足够的算力、科学的算法去处理这些海量的数据。

应用环境不匹配、不支撑，再先进的技术也难以发挥作用。所以，无论是小数据还是大数据，在应用之前都应该先检视是否具备应用环境，并且先从创造和优化应用环境开始。

综上所述，无论企业应用小数据还是大数据，都应该避免这七大误区。除了部分特别依赖大数据的行业，如电商、金融业、电力行业以及城市公共管理等，绝大多数行业、企业只需要把基础管理做扎实，把小数据分析做好，就足以让企业从中受益匪浅，而不应一窝蜂地去跟风大数据或AI。

保持定力、保持冷静，在任何时候都比不加选择地学习先进的管理思想或管理工具更重要！

2. 数据的来源与价值

自企业创立的那一刻开始，数据就开始生成，并伴随企业的整个生命周期。而这些数据涵盖了企业经营管理的各个方面，不包括外部数据（包括宏观数据与中观数据）在内的话，光是分类、整理、识别、加工这些与企业直接或间接有关的内部数据或经营管理数据，就需要耗费大量的精力。

对所有内部数据或经营管理数据进行分类、整理、识别、加工（以下统称为数据分析），一是成本和难度太大；二是不必要，但这并不意味着企业可以对这些经营管理活动中生成的数据置之不理，而是在对其进行采集与分析之前，首先需要明确三个基本前提，即：为什么、做什么和怎么做，这就回到了做数据分析的本源也就是数据分析工作的起点。否则，为了分析数据而不加甄别地做数据分析，不仅毫无意义，还会浪费成本或导致严重的后果，例如周期过长、数据失真等。

2.1 数据分析的作用与意义

在展开数据分析之前，需要明确数据分析对企业有什么作用和意义，同时要对数据分析的局限性有着客观理性的认知，不夸大也不盲目。

总体而言，无论是对于企业还是对于政府机构或非营利机构，数据分析的基本作用有两大方面：

——作用一：预测事物未来的演进趋势

我们不是先知，无法预知未来，但在多数时候可以通过一些迹象或征兆去预测未来会发生什么样的变化，或者事物未来将变成什么样子。而与事物未来演进趋势有关的迹象或征兆越多（数据的维度与类型），预测的准确性越高，但成本和难度也越高。

例如，想要判断一个人的饮食习惯和身体状况是否健康，以现在的医学技术与科技水平，已经可以不需要去医院进行面对面诊断，甚至都不需要非接触式的诊断。因为除了通过了解该人的BMI指数，更进一步的调查是统计其年龄、职业、环境温度与湿度、每天所消耗和摄入的卡路里数值以及饮水量；如果发现某个人在某个时期所摄入的热量过高，但TA并没有剧烈运动，TA所处的环境温度也没有明显变化（如环境温度降低）的话，那么可以推导出TA罹患高血脂和糖尿病的风险较高。更进一步的话，通过血压检查、血常规和尿常规化验、CT和B超、造影、核磁共振等设备的应用，如果都能联网并将这些检查数据及时上传的话，完全可以在不见面的前提下给TA做一个全方位的体检，并出具准确度极高的检测报告，再结合饮食与生活习惯方面的数据，如果附加上基因检测的话，还可以推测出TA将来罹患某些疾病的概率。

企业在经营管理活动中涉及和生成的数据的类型相较于大数据而言要少很多，并且各种变量和不确定性也更少。因此，预测某些经营管理活动或决策所产生的后果，其准确率也会更高。例如，GDP增长率与企业营收、货币政策（量化宽松或量化紧缩）、财政政策（税收与产业政策及行业法规等），与企业运行的基本面和业务前景的关系，通常也更容易准确地预测。例如，商业银行与保险公司会设置相应的研究部门，专门对宏观环境数据与产业环境数据进行有针对性地研究，以此作为金融产品设计开发和定价的重要参照。

此外，传统行业里的恒大地产，堪称研究和应用数据及政策的典范。其下设的恒大研究院是目前国内设置最早、研究程度最深、研究范围最广的数据分析与政策研究机构，为恒大地产的拿地、市场进入和产品设计、产品定价等诸多领域，提供了扎实的决策依据，甚至在社科领域如人口结构和产业结构等宏观层面，恒大研究院也涉猎颇深。但是恒大研究院所开展的宏观经济、产业经济与社会研究，全都不是大数据而是小数据。

大数据在做建模和设计算法时，都会涉及非常复杂的数学模型和专业知识，也需要巨大的算力去筛选、识别和分析巨量的数据源；但是，企业如果只是对诸如未来的业绩水平、某一款产品未来某个时期的销量，或者公司在某个年末的人员编制等进行不太复杂的预测时，用 Excel 或马尔可夫链模型就可以实现。但是，小数据分析也必须依托恰当的模型或函数，否则也会出错。

——作用二：解释成因并找到规律

不仅做科学研究要知其然更要知其所以然，开展经营管理工作同样应该遵循科学严谨的治学精神，去了解事件为什么会发生，事情为什么会发展成今日的状态。

以城市化、生育率、收入水平和结婚率这四个关键词/关键数据名称为例，城市化和生育率、收入水平与结婚率、城市化和生育率之间存在何种关联？收入水平与结婚率谁影响谁？这些指标之间存在着何种关系？其实是城市化率决定了生育率，城市化率越高，生育率越低；收入水平越高，结婚率越低。上述四个指标，都存在负相关关系，并且都是前者影响后者，前者是因、后者是果。

应用到企业经营管理领域，同样有许多指标存在着因果关系与相关关系，例如薪酬福利水平与员工离职率、培训投入与员工业绩水平、研发投入比与利润率。将这些不同维度的数据应用起来，通常只要企业创立时间不少于两年，就能通过图表的方式呈现出一定的规律，而一旦掌握这个规律就能很容易地对各项经营管理决策进行更准确地预测，并找到优化方案。

在企业的研发管理、项目管理、质量管理、生产管理、供应链管理等领域，小数据分析也有着十分广阔地应用。简言之，仅仅是沉淀在企业内部的各类小数据，也能够挖掘出许多极具价值的信息，并应用于发展战略、投资决策、研发立项、生产管理、财务管理、人力资源管理等方面。

遗憾的是，许多中小企业对数据分析的重视度远远不足，盲目决策、拍脑袋决策、经验主义的情况比比皆是，以至于犯了许多原本可以避免的错误，付出了高昂的代价。在此，我由衷希望读者朋友们在看完本书之后，能够认识到数据分析的重要性和紧迫性，让各项经营管理决策更加科学，从而减少甚至不犯错误，让企业能够成功实现转型升级，从容应对疫情所带来的冲击、适应新常态并健康成长！

2.2 数据的主要来源与类型

根据数据的来源，可分成企业内部数据与企业外部数据这两大类。

——内部数据的来源与类型

企业内部数据的来源与类型主要有如下几类，如表9-1所示。

表9-1 企业主要内部数据示例表（节选）

企业内部数据类型	核心数据名称（节选）	数据来源
经营数据	销售收入/营业收入	销售部门/财务部门
	利润额	财务部门
	销量	销售部门/财务部门
	市场占有率	销售部门/市场部门
管理数据	正式员工人数	人力资源部门
	产品一次合格率	生产管理/质量管理部门
	人均劳动生产率	人力资源部门/财务部门
	核心人才密度	人力资源部门

表 9-1 中所示的数据仅仅是企业内部数据的一部分，如果只是想大体评估企业的基本经营管理水平，上表的数据就已经足够；而如果要对企业进行全方位、深层次的分析评估并应用于战略制定或投资决策，那么还需要将企业内部数据与外部数据结合，并挖掘和整理更多的数据，甚至是购买行业数据，如行业研究报告；或者企业也可以从公开发布的资料里，如上市公司的年报/半年报/季报中获取某些数据，进而去开展某些特定的同业对标，如对标人均劳动生产率、销售额与销量等。

仅有内部数据固然能够应用于评价企业经营管理水平，但缺乏参照系也无法对标。因此，绝大多数时候，还需要采集外部数据。

——**外部数据的来源与类型**

企业外部数据的来源与类型主要有如下几类，如表 9-2 所示。

表 9-2　企业主要外部数据示例表（节选）

企业外部数据类型	核心数据名称（节选）	数据来源
行业数据	核心资本充足率	巴塞尔协定/央行
	投资规模/规模以上	行业主管部门
	市场规模/市场容量	工信部/商务部/行业协会/咨询机构
	市场份额	工信部/商务部/行业协会/咨询机构
宏观经济数据	基准贷款利率	央行
	增值税率/所得税率	国税总局
	人口数	国家统计局
	生育率	国家统计局

所谓的外部是指企业之外的经营环境，主要有两种，一是产业环境；二是宏观环境。与产业环境相关的外部数据，主要有市场准入门槛、行业集中度、市场容量/规模、企业寿命，以及政府相关部门出台的行业政策等。

以汽车整车生产制造行业为例，要进入汽车整车生产，首先要获得工信部的资质，而这个资质是有数量和门槛限制的，这就相当于牌照，而牌照数量基本上不会有新增，相当于对从业企业设置了准入门槛。例如，2019年，中国共有33家轿车生产制造企业，累计完成2144.4万辆乘用车的销售。其中，一汽大众在2019年完成了212.99万辆乘用车的销量，上汽大众在2019年完成了200.17万辆乘用车的销量；南北大众在2019年累计实现413.16万辆乘用车的销量，占2019年中国乘用车总销量的19.26%，位列乘用车销量的冠军，远超上汽通用的152.11万辆，处于绝对领先的位置。只凭上述这段数据，多数人在第一时间就会得出如下结论：市场容量巨大，行业集中度处于充分竞争的状态。而如果再加上一段数据：2019年乘用车销量与2018年相比下跌7.4%。那么，应当如何判断乘用车行业的走势？如果再加上一段数据：2019年，宝马在华销量（含进口与合资生产，下同）为723680辆，同比2018年增长13.1%；奔驰2019年在华销量702088辆，同比2018年增长6.2%；奥迪2019年在华销量688888辆，同比2018年增长4.2%。再加上BBA的销售数据之后，又会得出什么结论呢？

相对于产业环境数据，与宏观环境相关的数据会对全行业和每一个个体产生影响，但是有些宏观环境数据会对某些行业构成利好，而对另外的一些行业构成利空。例如，央行提高存款准备金率和提高基准利率，就会对房地产行业构成较大的利空，而对商业银行则构成相对利好。例如，为了应对新冠肺炎疫情带来的冲击，帮助中小微企业尽快复工复产并降低疫情导致的损失，国家及时出台了各项政策，例如加大货币投放量、降低基准贷款利率、低息贷款、发行特别国债、减免税费、疫情期间免征社保企业缴纳部分等，这些都属于宏观环境数据的范畴，也都会对企业的经营管理产生直接影响。

绝大多数行业环境数据与宏观环境数据都是免费的，而且大多都可以很容易从网上或行业年鉴、上市公司年报中获取。虽然获取这些数据的难度和成本都很低，但真正困难的是如何筛选、如何识别，以及如何将这些宏观经济数据和行业数据与企业内部经营管理数据结合，挖掘出有价值的数据与信息，从而提高决策水平、提升经营管理水平，这才是真正有难度的地方。

3. 企业如何做数据掘金

严格来说，无论是宏观数据、行业数据还是经营管理数据，绝大多数数据的获取难度都不高，都可以从国家统计局、行业协会、上市公司报告以及企业所编制的各类报表中找到。真正困难的地方在于，企业需要识别哪些数据应该采集、哪些数据不必采集，这就涉及数据挖掘的两个关键：数据的相关性与因果性。

舍恩伯格在《大数据时代》一书中表达了这样一个观点：在大数据时代，数据的相关性比因果性更重要，在大数据时代要相关性而不要因果性。这个论断多少显得有些不够严谨，因为本质上企业对数据进行分析，最重要的是想了解不同维度、不同类型的数据之间究竟存在何种程度的因果性关系，即 A 数据会对 B 数据构成何种影响。而有时候不同类型的数据之间所存在的链路会很长，层级会很多，要解构其因果性关系的难度会很大，所以呈现出的特征看似不是因果关系，而作者就将这类弱相关的关系定义为相关性而非因果性。

以美国刮飓风和与蛋挞销量激增为例，两者看似无关，但细想就会发现两者之间存在这样一个因果关系：飓风会导致电力和交通中断，超市也会关闭，居民不得不宅在家里而无法外出购物，所以，就需要提前准备食物尤其是高热量的食物。而蛋挞是一种高热量、易储存的食物，因此一旦刮飓风或者出现极端天气，不仅蛋挞的销量会激增，包括酒精饮料、薯片、热狗的销量也会激增；同时，在线游戏和在线点播视频节目的点击量也会明显增长。飓风与蛋挞这两者之间本质上还是因果性关系，而因果性有时候是正相关，有时候是负相关。

这个简单的例子说明：复杂的事物之间如果沿用过往的经验与常识，以及用现有的技术或方法无法对其验证因果关系，但 A 数据的变化又会与 B 数据的变化存在一定程度的关联，那么就可以将其划归为相关性，但实质上相关性是假、因果性是真。这就涉及本文所要谈及的数据挖掘的问题：哪些数据需要采集，哪些数据需要摒弃？

3.1 数据挖掘的基本原则

做数据挖掘时需要遵循以下几项基本原则。

——**原则一：以终为始，目的决定范围和手段**

不同的目的会有不同的数据维度、来源和范围的要求。理论上数据来源范围越广、数据维度越多，分析的准确性也就越高。但是，这个前提通常只适合大数据分析而不适合小数据分析，并且，数据来源范围越广、数据量越大，数据的分析难度和成本也就越高，会远远超出企业的承受能力，这种不计代价、不计成本地采集尽可能多的数据其实没有意义。

数据采集的第一个基本原则是以终为始，即根据数据分析的目的来选择数据的来源、类型和数量，不做不必要的采集。但问题是，企业在做数据采集时往往不知道哪些数据是必要的，哪些数据是不必要的，这个才是最困难的地方。

判断哪些数据是必要的，哪些是不必要的，通常有三个依据，其一是经验；其二是观察；其三是依托相关专业知识（如管理学、经济学、财务学、生物学、气象学、物理学、化学等）。

先说经验。经验是前人智慧的总结，对于一个有着五千年文明的国度，中华文明有着太多宝贵的经验教训值得学习和借鉴，并且时至今日依然有价值。这些传承久远的经验包括生活、气象、气候、地理、人文等领域。例如，气象领域里的"朝霞不出门，晚霞行千里"，意思是夏季的早晨如果出现霞光，通常意味着会出现刮风下雨的坏天气，不适合出门；而傍晚如果出现晚霞通常意味着第二天会是个好天气。如果用科学的方法或数据来解释，那就是早晨的空气湿度增大，近地云层对流增强并且气压值逐渐升高，极易出现大风和降水的天气；反之则是湿度降低，近地云层对流弱、气压平稳，大概率是晴天。

在HR管理领域就有许多生活经验的应用场景，例如通常情况下，已婚已育员工的稳定性通常高于单身或未婚员工，有房贷压力的员工对业绩的追求通常更高，烟酒不沾、不玩游戏的员工通常更自律等。要判断员工的稳定性和成就导向或自律性，不一定通过测评工具，用生活经验同样可以实现。

同理，要判断哪些数据应该采集、哪些数据应该摒弃，同样可以根据经验。但依托经验不意味着经验主义，因为经验主义有时候也会出错。

再说观察。这是最笨也是最简单、实用的方法。许多生活经验，其实都是源自观察尤其是长期观察所形成的总结。对企业而言，绝大多数经营管理的问题都可以通过观察的方式去发现甚至预防。例如，设备在出现故障之前几乎都会出现一些征兆，如异响、偶发性的不正常工况或报警等；企业经营业绩开始衰退也绝非突然发生，通常在显现颓势之前会出现若干征兆；而员工要离职，除了闪辞或突发事件，通常从萌生辞职的念头到提出辞职也会有一些时间，并且绝对事出有因。

无论是设备故障、业绩下滑还是员工流失，都会有或多或少、或明显或不明显的征兆，这些征兆除了以数据的方式表现，也可以通过行为特征的方式来表现——某些现象的发生通常都会伴随着其他现象的出现，这些不同的现象之间，既有可能是因果关系，也有可能是相关关系，但本质上还是因果关系，只要认真观察就能发现蛛丝马迹，而不必什么事都用数据的方式来解释或表达。

最后再说专业知识。这个很容易理解，毕竟具备相关专业知识、受过相应培训的人，其知识结构与方法会成体系化，能够用科学、专业的方法去判断哪些数据需要采集、哪些数据可以摒弃。

需要特别强调的是，数据科学作为一门新兴的跨界学科，知识类型的跨度很大，包括编程领域（计算机与软件相关）、数学与统计学领域，以及数据源领域（如金融、物理、医学、工业、生物等），几乎没有人能够同时精通这三个领域。相比之下，数据科学的研究重点更多的是强调跨类型知识的整合与应用，但对相关从业者的要求也更高。所以，如果精力有限，可以专注一门、熟悉两三门，这样可以补齐明显的短板，在数据科学领域成就一番建树。

——原则二：拉长时间轴

要想准确预测一个事物的发展趋势或演变规律，不仅需要足够的样本量，更需要足够长的时间；而要摸清某些事物的演变规律，长期的观察和记录往往是关键。

例如，天气与水文预测，其周期就至少以五十年甚至数百年为单位；对于经济，一般以十年为一个最小的观测周期。企业的经营业绩好坏，尽管最短可以到月度（月报），但要真实地衡量一个企业的经营业绩，通常应该将视野扩展至一两年甚至更长时间——虽然在VUCA时代，一切都被加速，但观测、评价一个企业的经营业绩好坏，不能只看当期、当季、当年的报表，要评价一个员工的业绩表现，也不能只看当期的绩效考核结果。

数据挖掘不怕数据来源的时间跨度长，就怕数据来源的时间跨度太短。因为短暂的周期内所表现出的数据往往存在很高的随机性和突发性，无法还原出真实的信息，引用这类短期数据很容易被误导；而如果数据源的时间跨度足够长，那么就会更容易了解其规律并排除偶发因素或随机因素。

因此，如果条件许可，在数据采集时应该尽可能地拉长时间轴，将采样的时间跨度拉大，这样得来的数据，其真实性、准确性更有保障。

原则三：抓大放小，不求精确

抓大放小的意思是抓住能对变化、趋势或规律产生最直接影响的数据，即强相关或具有明显因果性的数据；然后，根据重要性做出排序，抓住最主要的几种数据或关键因子，即可对数据进行比较准确的分析判断。事实上，除了极少数对精度要求很高的应用，如医学、药剂学、精密制造和航空航天航海等领域之外，绝大多数行业对数据采集的精度要求并不很高。

例如，预测降水概率通常只会精确到十位数，如60%降水概率。但如果是在航天领域，99%和99.5%就远不只是差了0.5%那么简单了，为了确保绝对安全，可靠率每提高0.1%都是极为重要的成果——在极端的工作环境要求下，对相关数据的精度要求就会非常高并且永远要追求更高。

对企业经营管理工作所涉及的数据分析而言，除了极少数关系安全、质量、可靠性的数据会对精度有着较高要求，其余的数据通常只要求基本正确、大体准确，能够展现趋势或规律即可。以分析员工的业绩水平为例，影响员工业绩水平的因素固然有很多，但真正起到关键作用的，在剔除产品本身的原因外，通常不外乎以下四个因素：员工的胜任力、员工的动机与意愿、激励的力度、员工教育培训的投入。尽管这四个因素各自所占的比重会因企业的不同、岗位的不同而存在差异，但要提高业绩水平，只需要对这四个关键因素及相关的数据进行改善与调整即可；尽管其余因素固然也会对业绩水平构成影响，但相对于这四个因素而言不是决定性因素，因此可以抓大放小，忽略不计。

现实中，脱离实际情况、不计成本代价地追求数据的高精度，不仅浪费人力、财力、物力，也没有太大的现实意义。

3.2 数据挖掘的基本步骤

数据挖掘的基本步骤与企业综合评估、报表分析、组织和 HR 审计类似，都需要经由几个基本步骤。这几个基本步骤对于数据科学或大数据算法专业的人员而言可能显得有些粗糙，但对于绝大多数企业级应用已经足够。因为大多数企业所需要的数据分析使用小数据技术和工具就已经足够，大数据分析不是本书所阐述的内容，也不是多数企业应用的重点。

——第一步：数据分门别类

数据分类很好理解。由于企业在经营管理活动中每时每刻都在生成各类数据，也从宏观环境和产业环境中获取数据，因此，首先需要对这三大类数据进行进一步的分类，确保在需要的时候能够快速地对已分类的数据进行查阅、记录、引用或分析。

不包括宏观数据与行业数据的话，企业应用得最多的还是经营管理活动中所生成的内部数据，而在对其进行分类的时候，通常以专业职能作为数据分类的依据。例如，研发类、技术类、生产类、设备设施类、供应链类、质量管理类、市场类、销售类、财务类、客服类、人力资源类等，如表 9-3 所示。

表9-3 企业主要内部数据分类示例表（节选）

一级内部数据类型	二级内部数据类型	核心数据名称（节选）	数据来源
经营数据	销售类数据	销售收入	销售部门/财务部门
		销量	销售部门/财务部门/生产部门
	市场类数据	市场占有率	销售部门/市场部门
		市场容量	市场部门/外部机构
	客户类数据	客户总数	销售部门/市场部门/客服部门
		活跃客户总数	销售部门/客服部门
管理数据	供应链数据	库存流转天数	供应链部门/财务部门
		物流送达及时率	供应链部门/销售部门
	研发数据	新技术成果数	研发部门/产品部门
		新技术转化率	研发部门/产品部门
	生产数据	生产计划完成率	生产部门/销售部门
		生产成本达标率	生产部门/财务部门
	人力资源数据	核心人才密度	人力资源部门
		人均劳动生产率	人力资源部门/财务部门

这种将专业职能作为数据分类依据的方式，最大的优点是简单易行，并且有利于相关数据的采集和垂直管理，但不利于数据整合与数据分析的统筹管理，除非数据整合与数据分析由专门的部门或岗位来完成。

——第二步：数据整理，确保数据完整无缺漏

如前所述，目标决定手段。数据分析的目的决定了数据的来源、类型和数量选择。做数据整理的目的是确保重要的数据来源无缺失、

重要的数据种类无缺漏，既确保数据足够用于特定目的的分析所用，又不会让数据过多过杂，因为过多过杂的数据不仅会增加数据分析的工作量和难度，也会形成干扰，让数据分析出现偏离甚至被误导，进而得出错误的结论。

做数据整理相当于初次校对，先解决数据来源的完整性并初步排除无效数据，这是开展后续工作的基础。

——第三步：数据识别，剔除弱相关、有瑕疵或不连贯的数据

在完成数据整理之后，即可进入数据的识别环节。数据识别环节类似精校，目的是将第二步的工作细化，从完整的数据中剔除与数据分析目的弱相关或无关的数据——有些数据真实可信且有连续性，但与特定的数据分析目的弱相关或无关，则应将其剔除。

还有一些属于偶发数据。因为有时候尽管某些数据真实可靠，能说明和解释在某一时段内的趋势与规律，但并不能完整地表达整体的趋势与规律，此类数据最容易迷惑人心，尽管这种数据本身是真实可信的，但不能将其纳入数据分析的来源，需要在本步骤中进行剔除。例如，上文谈及的案例，当美国刮飓风时蛋挞的销量激增；飓风是真实的，蛋挞的销量激增也是真实的，但如果为了统计蛋挞在年度的销售情况，则不适合将飓风所导致的销量数据统计在内。如果厂商将飓风时期的销量纳入统计当中并作为常态来进行生产安排，很有可能会出现库存积压、过期变质而导致厂商与零售商损失的情况发生。

还有，今年席卷全球的新冠肺炎疫情，让口罩、消毒用品生产商挣了大钱，但这并不表示口罩和消毒用品的爆炸式增长与消费是常态，道理一样。此类数据都属于偶发数据，因为没有连续性而且很难预测，出现的概率也非常低，所以通常不适合采用。

所谓有瑕疵的数据，通常是指数据的生成可能是由于设备故障或隐患所得出的数据，例如误差过大的测温枪所测出的体温、体重计亏电或未定期校准所测出的重量等，此类数据都可以称为有瑕疵的数

据，都需要剔除。要判断数据是否有瑕疵很简单，评估某类或某个数据的生成设备、记录仪或记录人在当时的工况是否正常即可。

——第四步：数据加工，构建起不同数据之间的关系，确保能直接使用

在完成上述三个步骤的工作之后，摆在面前的数据就是加工好的、能用于数据分析的"原材料"，但是，这些"原材料"通常还不能直接使用，还需要将不同类型的数据，按照一定的方法和步骤进行组合，并对这些数据组进行加工，加工后所得出的结果，才是能够真正应用于预测趋势或解释原因、表达规律的数据。

以分析人的体型是否标准的BMI指数为例，其计算方法为：BMI=体重（公斤）÷身高（米）的平方。身高数据很容易获取，体重数据也很容易获取，但只看身高或体重无法判断体型是否标准、体脂率是高是低，而BMI指数就可以很直观和精确地计算出人的体脂率。我们也可以把BMI指数这个函数的设计过程称为算法的构建过程。

BMI指数只是最简单的数据分析应用之一，实际上在企业的经营管理活动中所涉及的数据分析，其难度和复杂性远高于BMI指数。但比起大数据分析，企业里的诸多数据分析及其应用，本质上都是小数据分析的范围，构建模型与分析的难度要小得多。

3.3 数据分析常用的工具方法

小数据分析最常用的工具方法有四种，而且这四种常用工具方法，多数人都会使用，通过Excel或SPSS软件即可实现。

——对比分析法

顾名思义，对比分析就是将一种以上的数据进行对比，以观察其差异性和相似性并从中找出规律，也可以对某一数据进行不同时间的对比。例如，将某人在2010年的年度收入与2019年的年度收入进行纵向对比，从中找出驱动因素或规律。

对比分析法是最简单的数据分析方法之一，但不适用于多主体、多种数据之间的对比，而且对比分析法不适合规律与原因的挖掘，只能说明绝对值的差异。

——回归分析法

回归分析法是应用最广泛的一种分析方法，主要是根据数据统计原理，对大量、多样的数据进行数学处理，通过建立高相关性的回归方程式/函数表达式，来确定因变量与自变量的关系。回归分析通常用于预测未来因变量的变化，主要有线性回归、曲线回归、二元逻辑回归、多元逻辑回归等。

以我从事多年的 HR 咨询为例，给企业做薪酬现状分析就会用到二元逻辑回归分析方法，主要是对职位等级/收入水平这两组数据之间的关系进行分析与预测。其中，职位等级是自变量，收入水平是因变量，如图 9-2 所示。

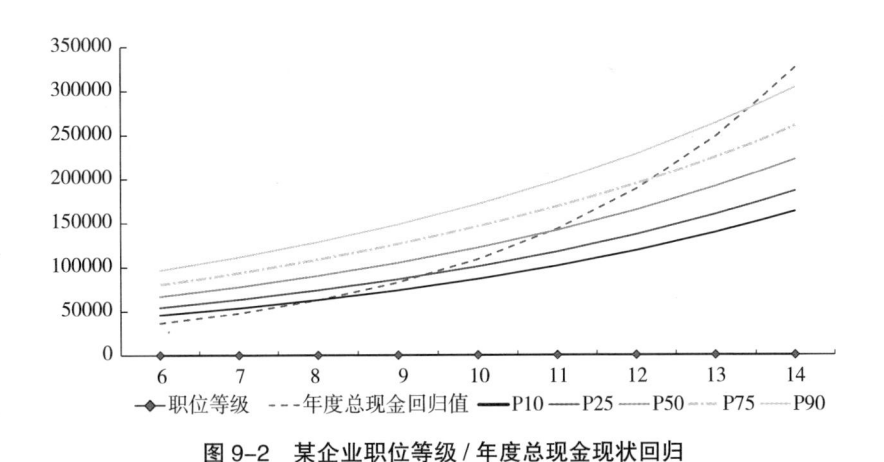

图 9-2　某企业职位等级/年度总现金现状回归

——聚类分析法

聚类是根据类型进行归类的方法，主要有层次聚类和非层次聚类两种方法，主要算法有 K-means、分层、FCM 等。聚类分析主要解决的是数据的类型划分和归类问题，是为了寻求数据之间的相似性并划分为簇（cluster）的一种方法。比如，以性别划分群体、以收入划分群体、以身高划分群体等。聚类分析主要应用于商业零售业、生物、地理、金融等行业，最核心的意义是对被调查群体进行簇的划分（具备特定特征或条件的群体，如老人、小孩、男性、女性等），是做客户分析、产品研究、广告投放、用户画像的一种常用方法，如图9-3和图9-4所示。

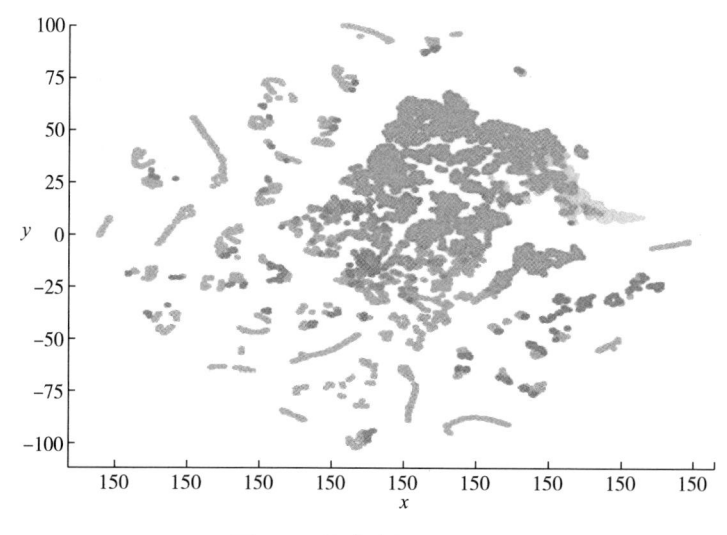

图9-3 聚类分析示例1

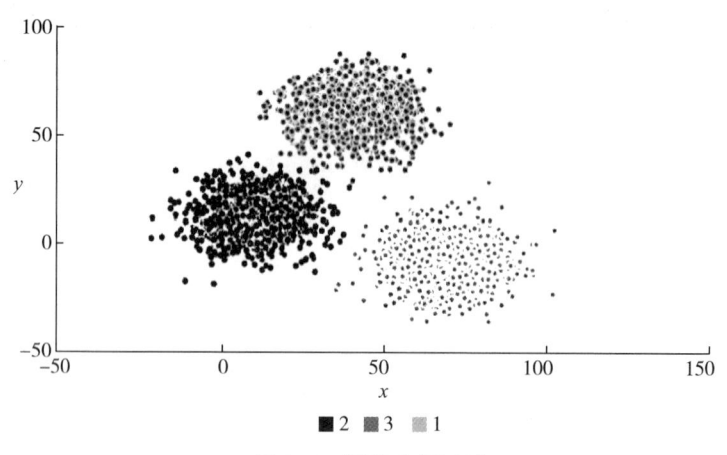

图9-4 聚类分析示例2

——交叉分析法

交叉分析法也叫立体分析法，是在纵向分析法和横向分析法的基础上进行立体交叉，可以很方便地对既定群体进行特定条件的分析，从而避免全样本统计结果的平均化结果所导致的偏差或失真。

例如，对薪酬现状的满意度调查，假定问卷回收样本总数为 500 份，但这 500 份有效问卷并不是由同一类人填写的，按职级高低划分的话既有高管也有中层和基层，按职位序列划分的话既有营销序列、研发序列也有支持序列。交叉分析可以很容易地识别出不同群体对某一问题（特定条件）的认知与判断，如图 9-5 所示。

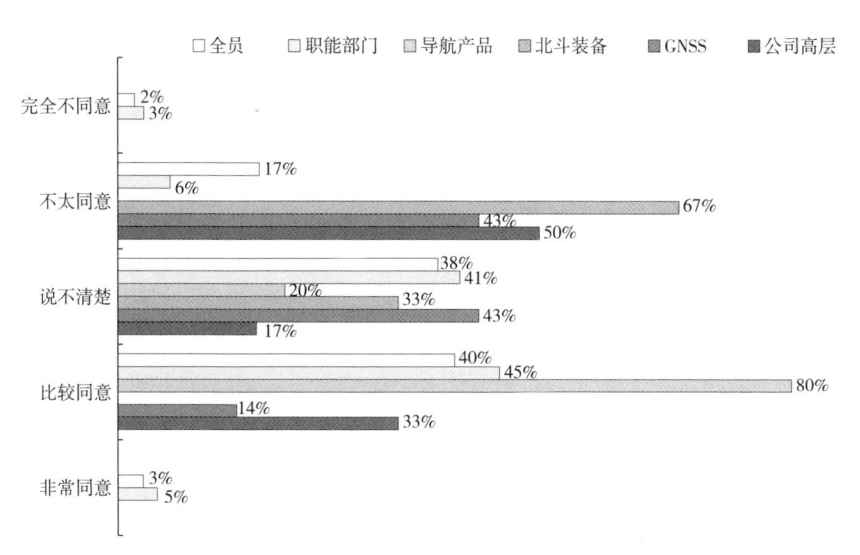

图 9-5 某公司 HR 综合调查诊断之交叉分析示例

综上所述，小数据分析很简单但作用却很大。只要掌握基本的数学知识，熟练掌握 Excel，并且具备数据敏感性和跨界思维，就能成为一个合格的数据分析人员，帮助企业从多样复杂的经营管理数据中找出规律、发现趋势，为企业的各项经营管理决策提供有力的支撑！

除了财务部门，HR 部门同样具备这种掌握企业多维度经营管理数据的条件，当然 HR 也有将多维度数据做深入分析的必要，因为人是一切要素的结合体，也是企业健康可持续发展的原动力。

4. 如何避免数据挖掘的误区

如前所述，目标决定手段。数据分析、数据挖掘都只是手段而非目的，不同的目的决定了是否有必要、如何进行以及选择对哪些数据进行挖掘和分析。

虽然数据挖掘应用于企业经营管理的时间并不短，但由于重视度不够，以及对深度挖掘多维度数据和高阶数据分析的理解不足，仍有许多企业还处于初始阶段，这不可避免地会在数据挖掘与数据应用的过程中犯错、绕路。以下就是企业在做数据挖掘时常见的三个误区。

4.1 混淆小数据与大数据的区别

前文已经澄清了大数据与小数据的基本定义和区别，这里需要特别强调的是：大数据不是万能药，不能解决诸如产品品质、研发创新、人力资源等问题，本质上大数据技术只是工具方法。并且对于大多数行业而言，大数据其实没有太多现实意义，企业如果的确需要采集、加工大数据，势必要斥巨资去建设数据中心并雇佣许多数据工程师、数据分析师、算法工程师等人员，仅此一个门槛就足以将90%以上的中小企业拒之门外。

但是，小数据的挖掘和分析，无论是难度还是成本都比大数据低得多，并且对小数据进行分析与挖掘的现实意义要远大于大数据。企业可以没有大数据但不能没有小数据；小数据是底层基础，能够应用于企业经营管理活动的全部环节，包括供应链管理、研发创新、生产制造、质量控制、成本管理、市场营销、客户服务、人力资源、财务管理等领域。

但就是这个既重要又基础的底层，仍然有许多企业没有完成、做好。顺序上都是从小数据到大数据，先把小数据的挖掘和应用做好，再根据业务需要去充分评估引进大数据技术的必要性。

4.2 挖掘不具备连续性的偶发数据

突如其来的新冠肺炎疫情让全球经济遭受重创，几乎所有行业都受到很大的冲击，但也有极少数行业从中受益，例如消毒用品、个人护理、清洁用品和测温枪、呼吸机、在线培训等行业，尤其是口罩、消毒液、测温枪等生产企业，订单量暴增数十倍。

因疫情而起的爆炸式增长属于典型的黑天鹅事件，即极小概率的事件发生所导致的销量暴增，虽然体现在销售报表上会呈现出一个非常陡峭、近乎90°垂直的增长线，但完全没有可持续性。要统计口罩、消毒液、测温枪未来的销量，不能将疫情期间的销量作为参照系。但是，在后疫情时期，随着各国和全社会对公共卫生的重视度提高，包括口罩、消毒液、测温枪在内的所有防护、清洁和测温设备，都会迎来一次中长期的利好——增速相对平缓但持续时间较长的增长。

不具备连续性的偶发数据既可能是环境出现变化，例如天气、环境、战争、动乱、自然灾害、重大公共卫生事件，也可能是传感器或设备出现故障，还可能是有规律但间隔周期很长的"奇点"或间隔时间有长有短的非对称周期。

理论上如果数据采集的周期足够长，例如以十年、百年、千年为单位，人们就足以从那些在短周期内很难找到规律和趋势的数据中发现规律和趋势，但数据采集周期到底多长才是恰当的，就需要充分考虑行业属性和企业的实际情况。因此，99%的企业完全不必去挖掘那些不连续的、偶发的数据，把重心放在那些连续的数据上，就足以满足数据挖掘的要求。

4.3 挖掘的数据远超或不够数据分析所用

择偶不仅看颜值和物质条件，还要看三观、习惯、人品、年龄等重要的维度，过于重视某一方面，择错偶的风险将会大大提高。反过来看，有些人择偶还要看对方是否为独生子女、是否为原生家庭、是否毕业于211或985，虽然从个人层面上看，这纯属个人喜好，并无对错之分，但多少有些画蛇添足、舍本逐末之嫌。

数据挖掘常见误区与择偶时所罗列的条件类似，要么是数据来源不足，要么是数据来源远超数据分析所用。虽然理论上数据来源越多，数据的维度越多，分析某人某事某物的精准度也就越高，但成本、时间和必要性也是做数据分挖掘时不得不考虑的重要因素。

5. 如何应用HR与组织类数据

一个企业经营得好不好，管理水平高不高，最终都会体现在财务数据和财务报表上。但是，财务数据与报表有着三个先天的不足：一是具有滞后性；二是只能体现结果却无法解释完整原因和在经营过程中发现问题；三是容易在合法的前提下被人为操纵，从而干扰对企业真实的经营管理水平与问题的判断。

先说滞后性。但凡有一定规模的企业和部分行业，如建筑工程行业，由于其规模、销售周期、结算周期和收入确认复杂等原因，其财报通常最多只能以季度为单位而无法将周期调整为月度（现金流量表除外），这就导致在财报出来之前很难通过财务数据或报表来判断企业的经营业绩和管理水平。而多数行业和企业的经营状况，当看到财务报表时都是既成事实无法改变，更何况年报通常都是在财年结束之后的三个月才发布，滞后性问题可见一斑。

再说无法解释完整原因和无法在经营过程中发现问题。以应收账款为例，如果企业有着完好的财务管控体系并严格执行，通常情况下不会发生大规模的应收账款超期或坏账的情况，但如果出现某些不可抗力因素，例如自然灾害、战争、瘟疫（如2003年的SARS和2019

年的新冠肺炎疫情），就会导致供应链被打断而使上下游的配套企业出现资金问题，传导到产业链上游的企业里，并最终表现在难看的财报上。而财报只能表达最终结果而无法解释完整的原因（高手可以推测出部分原因但不完整），所以，从全面风控的角度来看，需要在过程中进行监控，而过程监控通常在财务控制手段之外，例如分析宏观经济数据、行业数据以及企业的生产、销售、物流等数据，由于这些非财务数据可以起到重要的预警作用，从而让企业及时调整政策，将风险和损失遏制在萌芽状态。

再以生产制造领域的质量控制为例。真正有效的质量管理不是成品全检或抽检，而是在各个工序开展过程控制，让每一道工序都达标，最后成品再做全检或抽检，就可以杜绝残次品的出现。财务报表所起到的作用类似质量管理领域里的成品检验，虽然同样能找出不合格品但为时已晚。

最后是财务报表存在的一个先天弊病，即容易在合法的前提下被人为操纵，从而干扰对企业真实的经营管理水平与问题的判断。这不全是道德风险，而是由会计准则和会计学的原理所决定的。例如，企业可以通过调整摊销折旧的速度或加大/减少坏账计提的方式来改变当年的利润，让财务报表变得好看或难看、盈利或亏损，这些都可以在合法、合乎会计准则的前提下做到。因此，财务报表的确存在被人为操纵的可能，干扰企业/投资者对其真实的经营管理水平或面临问题的判断。

尽管人力资源会计和人力资本还停留在理论层面，不能像财务管理那样去应用和呈现相关的数据与报表，但是从成熟度、必要性和可操作性上看，企业完全可以依据数据分析，立足各职能专业领域在日常工作过程中所形成的数据并转化为相应的报表（如HR和组织类报表、生产类报表、研发类报表等），给企业领导者和各部门提供此类职能的数据，这非常有助于企业高层实现过程控制，在企业的经营管理过程中做到及时、动态调整，对各种潜在的风险和隐患早发现、早控制，将其消弭于无形。

例如，人力资源管理与组织管理，就能够生成许多足以解释管理问题和管理短板的数据。但问题是，99%的企业领导都不会对HR的专业术语感兴趣，一是听不懂；二是对于企业领导真正关注的人力资源和组织管理数据、报表，大多数HR们不知道也没有意识去输出。

那么，企业领导需要什么HR和组织类数据？哪些HR和组织类数据有助于高层领导评价公司经营管理水平的高低？哪些HR和组织类数据能够帮助老板做出正确决策呢？

5.1 能解释因果的HR成本效益类数据

成本效益类数据既可体现结果，也能解释部分原因。很多HR说公司/老板不重视人力资源管理，所以公司的人力资源管理问题突出，例如招不到、留不住人才，或者员工业绩不佳等。这话说得也对也不对，要一分为二地看。

说对，是因为只有老板重视了，才会投入更多的资源和精力，才会让包括人力资源管理在内的各项职能工作更好地发挥成效。很难想象一个企业的领导对人力资源管理工作不重视，而这家企业的人力资源管理水平依旧很出色——这种情况发生的概率极低。

说不对，是因为企业是一个组织，有多个部门和多个除了一把手之外的高层领导，老板不重视并不一定导致企业的人力资源管理水平低，因为还有分管副总和人力资源部门的负责人，他们的水平高低将会直接决定人力资源管理水平的高低。

大多数人力资源管理者在向高层领导汇报工作，与业务部门沟通协作的时候，都没有掌握正确的策略和方法，而错误的策略与方法，往往是导致高层领导对人力资源管理不重视、不满意的重要原因之一。其中，非常重要也是最常见的一个错误是：没有用高层领导和业务部门听得懂、感兴趣而且直观的方式来表达,以及只谈现状不谈具体、量化的解决方案!

HR常见的错误有很多,但正确的策略和方法通常只有一个,具体请看下文示例:

示例一:

"张总,截至2019年12月31日,CC公司共有正式在编员工245人;其中,营销部门人员46人,累计完成2019年的年度销售收入1.45亿元,全员平均销售收入59.18万元,营销人员人均销售收入315.2万元。根据目前掌握的数据显示,公司营销部门的人均销售收入与最大的竞争对手AB公司相比,是AB公司营销人员人均销售收入的70%左右,但全员人均销售收入能达到AB公司的大约95%。

"根据目前人力资源部的统计显示,当前公司营销部的人员平均司龄是11个月;其中,司龄最长的是营销部的何总监,他的司龄是46个月,司龄最短的王强是2个月,营销部人员的司龄中位值是8个月;2019年的公司全员的年度离职率是8%,营销部的年度离职率是23%,公司全员离职率不高,但营销部的离职率偏高,比AB公司高出至少10%;通过调查初步判断,营销部人员离职率偏高的原因,跟经常出差到客户那里而且是4周以上的长差有很大关系。但具体怎么解决,我现在还没想好。因为,这个问题目前还不是最主要的问题,所以,我打算解决完两个最突出也是最紧要的问题之后,在下月5日之前带上初步方案来找您汇报。

"通过公司各部门的全员编制和司龄统计,加上前天刚做完的营销部人员面谈,我发现可能是两个问题导致了这种情况:一个问题是营销部的薪酬激励尤其是销售奖励政策有些问题,基础任务的奖金比例较高,而超额任务的奖金比例过低,这种设计方式不利于营销人员去冲业绩，而是只满足基础部分，所以我建议让营销部的何总和财务部的马总，跟我们一起开个会讨论下做一些修改，让奖金政策用阶梯状的方式逐渐递增，但具体比例还需要做财务和销售测算；另一个问题是，咱们公司的产品主要面对工程机械领域的几大厂商，我们的产品线虽然不长，但技术参数比较复杂，而且销售不是纯销售，还有技术支持和客服服务的一些职能在内，但前几天的面谈发现，营销部的很多员工尤其是司龄较短的员工，对公司的技术支持和客服政策并不了解，这个影响到了客户的下单，对回款也有不少影响。而老员工没有出现这种情况是因为他们在前两年有过老销售给新人培训，而且那时候何总不经常出差，也经常组织外部讲师给新员工做讲解。所以，我建议公司做个培训预算，针对产品、技术支持和维保、现场支持等影响业绩的几个问题专门开发一个课程，并定期更新，日后再招聘新员工或者开发新产品的时候，统一都要通过岗前培训才能上岗，否则会影响销售业绩，也会影响客户的评价……这个预算我们初步估计了，常态是每月一次，新人入职或开发新产品则是不定期的，约合每年15次，包括课程开发、摄像和教材设计、师资的费用，每年大约需要15万元，但前期只需要4万元左右。我们判断，这两个问题解决之后，营销部员工的积极性会明显提高，而且他们对产品和业务也会更加熟悉，相信一个季度之后，营销部的人均销售收入会有不低于15%的提高。"

如果HR用上文的方式跟老板沟通，用数据、用指标、用业绩说话，不会有老板听不懂，也不会有老板不重视。并且，向公司领导汇报时，HR尤其需要向财务人员学习，在汇报时引用能体现公司经营管理水平和HR管理水平的人力成本效益类数据，因为这些数据可以体现结果也能解释部分原因。更重要的是，这种"有理有据"的汇报，更容易让人听懂而且信息量很大。此类人力资源管理的成本效益类数据主要有三类，如表 9-4 所示。

表 9-4 人力资源成本效益类数据释义表（节选）

数据名称	功能作用	涉及数据	计算公式
人力成本比率	用于评价企业的成本结构，并判断企业的业务性质；能够间接说明企业的行业属性，可以帮助企业调整业务、控制成本	全口径人力成本（含社保与公积金） 企业全口径成本	全口径人力成本 ÷ 企业全口径成本 × 100%
人均劳动生产率	用于评价企业在某个时期内创造的人均劳动成果与其相适应的劳动消耗量的比值	销售收入额/营业收入总额 在编员工总数/营销人员总数	销售收入总额/营业收入总额 ÷ 在编员工总数/营销人员总数 ×100%
人均毛利	用于评价企业在某个时期内人均创造的利润额，进而推算业务与产品结构、人员技能及人力成本控制（编制控制）水平	毛利总额 在编员工总数	毛利总额 ÷ 在编员工总数

5.2 功能多、应用范围广的 HR 管理类数据

HR 管理类数据既能体现 HR 战略与公司战略/目标的匹配度，又能体现 HR 管理工作的成效，同时还能作为 HR 管理改善的基准和参照系。

人力资源部门的工作干得好不好，会直接体现在数据上，而不仅仅是部门满意度等感性、模糊的评价甚至定性评价，还有许多成熟可靠、科学量化的数据作为指标来表达，这些指标可以作为人力资源部门的绩效指标，也可以作为部门或岗位的工作目标，如表 9-5 所示。

表 9-5 人力资源各模块涉及的主要数据释义表（节选）

HR模块名称	数据名称	功能作用	涉及数据
人才管理	认证人才流失率	评价企业对认证人才的管理水平，从而评价对人才的吸引、保留和激励工作的成效	离职的认证人才总数、认证人才总数
人才管理	认证人才密度	评价企业对人才的重视度以及企业的中长期竞争力	员工总数、认证人才总数
招聘与配置	招聘任务完成率	评价招聘工作的成效，并侧面反映企业的薪酬福利、基础管理与部门管理水平	计划招聘人数、实际招聘到岗人数
薪酬福利	全口径人力成本比率	评价企业的组织职位管理水平和编制控制水平，以及评价企业的成本结构	全口径人力成本总额（特指企业实际支出部分，含社保公积金等）、企业成本总额
薪酬福利	人力成本弹性系数	评价企业的薪酬福利设计水平，如何在确保员工稳定性的同时提高人力成本的弹性	固定薪酬福利总额、奖金等变动收入总额、年度总现金收入额
员工关系管理	全员满意度	评价企业的综合管理水平，包括但不限于人力资源管理	部门满意度平均分、全员满意度平均分
培训与开发	通用培训覆盖率	评价企业的培训工作成效，从而评价企业在人才开发方面的重视度与人才培养能力	员工总数、培训场次、培训考试通过率
培训与开发	培训投资回报率	评价企业的培训工作成效，从而评价企业在人才开发方面的重视度与人才培养能力	培训投资额、员工培训后的业绩增加值或绩效得分的增加部分

需要特别注意和强调的是：这些数据之间彼此存在很高的关联性，某一个数据发生变化，其余数据都会发生不同程度的变化，绝不可割裂、静态地看待和优化，还需要在对其进行改善之前找出真正的

驱动因素并着手调整。例如，人力成本比率会影响员工离职率，也会影响人均销售收入，简单地压缩编制固然可以提高员工工作饱和度并减少冗员，但未必能够真正提高人均销售收入。

对于 HR 管理类数据，通常情况下老板不会关注也听不懂，因为老板要操心的事情太多，通常 TA 只关注最终的结果，也就是财务数据。这不是老板不重视，而是 TA 的精力顾不上。这些数据可以汇报给分管副总，如果没有分管副总，那就只统计不汇报，但 HR 管理者必须积累这些数据并建立这本数据台账。

5.3 HR 管理类数据的颗粒度与四种数值

HR 管理类的数据，不仅要看数据的颗粒度，还要关注数据的两个极值（最大值、最小值）和均值，但要想了解数据的分布规律，则要看数据的中位值。

众所周知，数据的颗粒度越高，精确度就越高，但绝大多数企业和部门不需要高精度的数据，一是没必要；二是条件不允许；三是成本过高。所以，数据的颗粒度只需要准确而非精确即可。例如，HR 管理领域里的认证人才密度和人才流失率，除了高精尖技术企业，绝大多数企业的认证人才密度通常达到 50% 就已经很高了，50% 的密度和 60% 的密度没有本质上的区别；而 15% 的人才流失率和 10% 的流失率也没有什么区别，只要是在临界值之内就算正常。因此，HR 不必刻意追求数据的颗粒度，重要的是找准问题，发现趋势。

与数据的颗粒度问题相比，还有一个更重要的数据统计值是中位值，最容易被忽略。为了说清楚中位值的重要性，我再拿 CC 公司营销部来示例。

示例二：

"有件事情，我想跟张总汇报下：截至 2019 年 12 月 31 日，CC 公司营销部门人员 46 人累计完成 2019 年的年度销售收入 1.45 亿元，营销人员人均销售收入 315.2 万元；其中，业绩最高的是何总监，他的年度销售业绩是 3300 万元，除了司龄不足 1 年的暂时不计算，年度销售业绩最低的是李军，他的年度销售业绩只有 224 万元。营销部人员业绩的最低值就是李军的 224 万元，最高值是何总监的 3300 万元，中位值是赵毅国的 585 万元。

"从数据分析结果看，中位值 585 万元比人均值 315.2 万元高了近 270 万元，说明总体来说营销部人员的水平还可以，但新员工拖了后腿，还有就是刚才我跟您说的，人员离职率偏高而培训不足，也是导致这种情况发生的原因之一。"

备注：什么是中位值？
中位值是一个统计学的术语，即所给的一组数从小到大或从大到小做排列，如果数据的总量是奇数的话就取排列在中间的数字，如果是偶数的话取中间两个数据的平均值。例如，老王有七个子女，老大做生意做得很大，身家大约 5 个亿元；老二、老三也是做生意的，但身家差不多，都是 1 亿元左右；老四是普通职员，每月 8000 元，全部身家 100 万元左右；老五是一家企业的高管，年薪 50 多万元，身家差不多 500 万元；老六和老七都是上班族，收入不高不低，身家一个 220 万元、一个 180 万元。如果对老王的这七个子女的收入做平均值计算的话，那么他们身家的平均值是（5 亿＋1 亿＋1 亿＋0.01 亿＋0.05 亿＋0.022 亿＋0.018 亿）÷7=1.01 亿元，也就是平均每人都有 1 亿元的身家；但如果是看老王家的七个子女身家的中位值的话，就只有 500 万元了。

因此，分析数据绝不能只看平均值或最大值、最小值，更要看中位值，因为中位值往往比平均值更能说明问题。如果只取平均值的话，会有太多的人被平均，有太多的真相被隐藏，有太多的问题被掩盖，而这对企业而言是很危险的事情。

财务数据与报表是企业经营管理工作成效的最终体现，财务部门也是企业风控的最后一道"防火墙"；相比之下，研发部门、营销部门、供应链部门和人力资源部门都在前端和中端，有太多数据金矿可以挖掘却没有挖掘，有太多高价值的工作可以做却没有做。不要一谈到HR的转型升级就想着什么花哨的概念，如HRBP、三支柱、OD，这些概念虽然并非毫无用处但并没有从实质上带来什么变化，真正决定HR价值的往往是最基础的东西。

6. 将数据分析应用于HR六模块工作的最佳实践

其实数据分析远不止是能应用于HR管理，企业经营管理的所有活动，大到战略决策、小到产品销售分析，都能应用数据分析。只不过我的专业领域是HR和组织管理，所以在此就只阐述HR的各模块如何应用数据分析。有兴趣的读者可以借鉴本章的理念并将数据分析的原则、策略、注意事项和基本方法应用到HR之外的专业领域。

从应用的难度和必要性来看，除了六模块里的员工关系不太涉及数据分析，数据分析在其余五个模块都有非常广泛和有价值的应用。此外，还有一个不属于任何一个模块但对HR管理者和老板而言也非常重要的领域，即人力成本控制。所以在下文，我就系统地谈谈HR六模块中的五个模块外加人力成本控制，总计六个应用领域的最佳实践。

数据分析不是万能药，不能直接告诉你如何做招聘，如何做薪酬福利，如何做绩效管理，如何做人力资源规划，如何做培训体系建设，但数据分析本质上是一种思考方式和工作方式。掌握了它不代表可以不去钻研和实践六模块的知识与方法，但可以让 HR 的工作更有成效更有质量、更有说服力。

6.1 应用于人力资源规划的最佳实践

将数据分析应用于人力资源规划，主要有三个方面：

——编制规划

前文谈到了将人均劳动生产率作为定编的重要依据，但在实际操作过程中，并不能只看人均劳动生产率这一数据。对编制构成直接影响的要素里，除了人均劳动生产率，还需要考虑新业务与新产品战略或组织与模式的因素。简单理解就是：对于推出了新业务与新产品的公司或有组织变革计划的公司而言，在做编制规划时就需要另当别论——前者是因为新业务和新产品会有新职位的出现，编制规划正处于起点阶段；后者是因为组织变革会导致组织形式、管理方式、员工构成出现较大的变化。而较大的变化在未完成时不宜做编制规划，即便做了也会与实际结果存在较大偏差。

但是，人均劳动生产率是一个公认的、综合性的指标，从数据分析应用于编制规划的角度考虑，可以采取"老业务老标准，新业务新标准"的方式来操作。此外，如果企业选择了将非核心业务、非核心/非专业功能社会化，例如将财务、HR、法务、IT、市场、生产等功能外包（包括部门整体外包与职位外包这两种）的话，那么即使其他条件不变，人均劳动生产率也会提高。

总而言之，数据分析应用于人力资源规划中的编制规划，主要着眼点是评估和参照劳动生产率这个数据。

——人才结构规划

人才结构与行业和产品的科技水平存在强相关关系，例如高科技行业的人才结构就与劳动力密集型行业的人才机构存在天壤之别；同样，如果传统行业已经在实施转型升级，例如制造业往工业 4.0 上转型或推进智慧企业（Smart Business，出自 IBM 提出的智慧地球，然后不断延展到智慧城市与智慧企业），又或者是互联网化或数字化的话，其人才结构也会出现较大的变化。

将数据分析应用于人力资源规划当中的人才结构规划，主要是测算研发、生产、供应链、营销序列的人员占比，进而为规划提供参照，而做结构规划的目的其实只有一个：通过对人才结构的规划，提高人力资源战略与人才结构和公司战略的匹配性，更好地支撑公司未来竞争与发展战略的需要，这才是关键。

例如，高科技公司（包含软高科、硬高科）通常研发人员会占员工总数的大比重，如华为在 2017 年的员工总人数约 18 万，其中研发人员占员工总数的 45% 左右，约 81000 人，而一般加工制造业的研发人员占比可能不足 5%。并且这些研发人员里可能绝大多数都是从事短平快、投入少、相对容易的开发研究，而非周期长、投入大但效用深远的基础研究与应用研究，但从事过研发的读者朋友们都知道，真正决定一个国家、一个企业长远竞争力与地位的研发，往往是基础研究与应用研发。所以，从研发人员占比上可以判断出一家企业是否有生命力，是否有可持续性。同时，研发投入是一项高风险、高投入且短期内看不到成效的长期投资，但也是真正决定企业生死存亡的关键。

国家当前已经推出了社保新政，并且减税降费的进度始终未曾停止，但从发展的趋势来看，所有中国企业都必须加速转型升级，因为无论是人口红利还是劳动力成本优势都已经逐渐消失，粗放式增长和低附加值产业已经难以为继，企业需要在提高产品含金量与科技含量上投入更多。

具体到中小企业，可以折中一下：在应用研究（如新材料、新工艺）和开发研究（开发新产品、增加新功能）上多一些侧重，以弥补历史欠账，不要只想着依靠少缴社保或减薪来降低成本提高所谓的竞争力，因为这种模式已经走到尽头了。那么，对应到人力资源规划中的结构规划，我认为 HR 可以给老板一些建议，让老板不要只想着压缩成本，而是多思考如何提高产品的技术附加值。因为即便是传统行业，依然有许多创新点。例如，保鲜盒和保温杯所在的塑料五金制品行业并不算是一个高科技的行业，但依然有膳魔师、象印、乐扣乐扣、特百惠等高端品牌，将国产品牌跟这些品牌对比会发现，在设计、做工、材质、功能、人机界面与用户体验上，国产品牌与国外品牌相比的确存在不小的差距，但价格差距却不是很大——而这些恰恰是本土中小企业未来的盈利空间！

目前从网上检索到的部分高科技行业的 STEM（Science 科学，Technology 技术，Engineering 工程，Math 数学的英文首字母缩写，属于广义研发的范畴）专业研发人员占比的部分数据，如图 9-6 所示。

公司名称	机械工程专业人数	信息科技专业人数	机械工程专业人员占比	信息科技专业人员占比
Intel	49122	7815	44%	7%
Google	27553	5511	35%	7%
Amazon Web Services	7334	3772	35%	18%
Red Hat	3177	963	33%	10%
Cisco	25644	9927	31%	12%
Facebook	6831	1649	29%	7%
Microsoft	39389	14068	28%	10%
Dell EMC	14542	7877	24%	13%
Oracle	35565	18556	23%	12%
IBM	87501	92107	19%	20%
Amazon.com	25220	9458	16%	6%
Dell	16672	15561	15%	14%

STEM 专业人员占比：领英资料

图 9-6　部分高科技公司 STEM 专业人员占比

——人员质量规划（认证人才密度规划）

人才质量规划的目的在于通过提高企业核心人才的密度，来提升企业的科技含量与产品附加值，从而培育并提升企业核心竞争力。但是在开展人才质量规划之前需要先完成两项工作：一是定义人才的标准；二是确定人才的密度。

首先是定义人才的标准。人才的标准绝非学历和学位，更不是职称或证书，虽然有国标和行标可供借鉴，但由于企业千差万别，所以人才标准的认定更多时候只能通过建立企业标准来实现，例如通过建立健全任职资格惯例体系来定义人才；如果实在无法建立企业标准，那么可参考一些业界通用的行业标准或惯例，例如研发人员在SCI期刊上发表过多少篇论文、有无专利或发明等，这些都是可查的资料，也具备较高的可信度。

其次是确定人才的密度。定义了人才的标准之后就是确定人才的密度，而人才密度既无国标又无行标和企标，但是人才密度越高越好这是公认无疑的。人才密度越高意味着企业的投入越大、管理的难度也越大。因此，企业可以采取简单的办法来处理——先设定一个理想值，例如最终实现60%的人才密度，而当前只有10%，那么可以按照年均增长10%的目标来制订相关工作计划，并从营业收入中抽取若干比例用于人才的开发与获取。这个可借鉴华为的做法：每年从营业收入里抽取15%（具体需结合企业实际能力）作为研发投入，持续不断地提高人才密度从而提升企业的科技含量与产品附加值，进而提升企业的核心竞争力，真正实现长远发展。

人才质量规划还有许多后续工作需要开展，详见第5章内容。需要澄清的是，人才质量的提升可以从内部挖潜培养也可以从外部引进，通常是双管齐下，极少有企业采取单一措施，而绝大多数行业标杆的做法是以内部挖潜培养为主，以外部引进为辅。

6.2 应用于招聘管理的最佳实践

在阐述如何将数据分析应用于招聘管理之前，需要先了解以下三个关键词：人均劳动生产率、离职率、费效比。

——人均劳动生产率

人均劳动生产率是一个非常重要的指标，不仅是衡量企业经营能力、管理水平的重要指标，也是做"五定"（定岗／定责／定编／定员／定薪）的一个重要依据。对于招聘管理而言，人均劳动生产率这一重要指标（含数据）的意义有三点：一是给人力资源规划提供标准，因为人力资源规划中会涉及人员结构与人员质量的规划，需要参考人均劳动生产率；二是给做定编提供依据，因为不考虑人均劳动生产率的定编及招聘会导致成本失控、冗员增加，降低利润率；三是给企业做转型升级提供参照，因为转型升级成功的重要标志是人均劳动生产率显著上升。

人均劳动生产率有两个数据口径，一个是销售／营业额，另一个是利润额；两者都可以选取，但如果是初创型公司尤其是互联网公司和强调流量的电商公司，则不太适用利润额这组数据，用销售额／营业额或者交易额会更恰当。

人均劳动生产率的计算公式很简单，即销售额／营业额／利润额 ÷ 在编员工总人数。

——离职率

离职率是一个综合性指标，以海底捞为例，因其年度离职率低于10%而堪称餐饮界的奇迹，但很多人只看到了海底捞的离职率低，却没看到海底捞为了实现健康可持续发展和降低离职率，在基础管理、人力资源管理、产品标准化、企业文化、业务流程上做出了巨大的努力。同理，离职率是高是低本身并不是特别重要，重要的是通过对离职率的内外部对标（与领先同业对标，与自己不同时期对标）找出真正的问题，这个才是重点！

就像血糖升高，西医的观点是着手于降糖。如果读者朋友们了解糖尿病的话就知道，人体血糖之所以升高并演化为糖尿病，除了不良饮食习惯与病理性原因，多数都与长期处于高压力环境有关。所以，控制血糖/糖尿病的重点不是单纯降低血糖数值，而应是改变环境、控制饮食。

同理，对于招聘工作而言，如果离职率居高不下，即使在招聘上下的功夫多，离职率也不会降低。我认识一个做连锁餐饮的老板，他的公司年度离职率保守估计应该不低于80%，而他却专门开出了公司最高月薪12K的条件去请了个HRM来专门做招聘，但是那些离职员工的薪酬普遍比同业低20%~30%，更麻烦的是他的公司基础管理和用人方面短板太短，所以不停地招人、不停地流失，这是用错误的方法手段去解决错误的问题的典型。在我看来，他的公司只需要配备一个月薪6K的人事行政专员即可，然后给员工加薪20%、对员工不要那么狠，许多问题就会迎刃而解，并且他的公司口碑也将大大改善。当然，这都是经过大量分析和测算后得出的结论，因为离职率高导致了太多的差错和损失，这部分损失的金额并不比调薪增幅的成本高，所以怎么算都是合理的。

我认为现在有个很不正常的现象：几乎所有企业都在招聘，但这些企业的业务量其实并没有明显提升。扣除掉由于新业务、新产品的出现，以及互联网化、AI化所增加的一些岗位，其实大部分企业的招聘很可能都是有问题的（其中有相当大的一部分企业其实完全不必招聘）。对此，我始终保持高度警惕和质疑的态度。

我给做招聘的读者朋友们一个建议：当业务部门跟你提招聘需求的时候，请你务必看看离职率和人均劳动生产率，有条件的话做内外部对标；能不招人就不招人，能内部消化就内部消化，因为始乱的结果一定是终弃，最后你要么做恶人要么就是误人。

年度离职率的计算公式是：（年度离职总人数 ÷ 年度最多时在编员工总数）×100%。请注意，年度离职率是可以大于100%的，但不管什么行业，如果年度离职率大于60%，就可判定这个公司有大问题。

——费效比

首先公司不是家，做老板很不容易，所以每一分钱都要花在刀刃上；其次，HR 毕竟不是直接创造价值的部门而更多时候被认为是花钱的部门，所以只要是支出就一定要先分析合理性和必要性。

以招聘为例，其实招聘的成本非常高，绝不仅是广告费、猎头费那么简单，还有面试官与测评人员的工资、招聘到岗后的学习成本和替代成本，以及各种难以计量的时间成本、机会成本和风险成本。

具体到招聘面试工作中，如果把上述容易计量和难以计量的成本计算在内的话，假如不考虑招聘的合理性和必要性，只谈招聘的费效比，结合当前几乎全国和全行业普遍面临的招聘难的现状，其实招聘与面试的成本相当高。如果把招聘和面试成本当作"拥有成本"，将入职后的学习培训、薪酬福利和工作差错、纠错纠偏成本视为"使用成本"的话，你会发现一个有意思的现象——好公司的"拥有成本"高但"使用成本"低，而差公司的"拥有成本"略低于好公司但"使用成本"极高；最后统计人员的"全寿命周期成本"外发现，差公司的成本远高于好公司的。此种现象与购车很相似：好车较贵，但故障率低、维修保养成本也低，而差车看似购买价格低，但故障率高、维护保养成本也高；算来算去，其实买好车的全寿命周期成本还是低于差车的，并且这里还没有把由于故障维修导致的拖累工作进度、影响正常使用的机会成本计算在内。

一句话概括：当人口红利消失、就业方式多元化来临，当全国和全行业的招聘成本都普遍攀升，控制招聘成本、提高招聘费效比的解决方案就不仅仅是将招聘外包给 RPO 或猎头，重点可能是如何提高员工的价值创造能力以及如何提高员工尤其是核心员工的胜任力与稳定性。

因此，将数据分析应用于招聘管理时，虽然并不能够直接解决招聘问题，但至少可以让用人部门和老板了解到招聘的真实成本究竟有多么高，有助于控制成本。

6.3 应用于绩效管理的最佳实践

将数据分析应用于绩效管理时，应用对象是个人或公司，方式则是通过建立绩效台账让员工或公司的价值评价工作更加客观，更加便捷，应用目的是与公司经营管理对接并构建完整的绩效管理闭环。

——建立绩效台账是为了留存记录，便于绩效追溯和绩效面谈

任何一家企业在经营管理活动中都会生成大量的各类数据，而统计、记录这些数据尤其是个人绩效与公司绩效的数据，不仅可以应用于价值评价和价值分配，还能起到重要的绩效追溯与绩效面谈作用——绩效考核不是目的，引导与分解实现公司战略或公司目标，激励员工与高管更好地完成业绩才是目的，而如果没有完整的绩效记录、没有完整的绩效台账，则很难有针对性地开展绩效追溯工作，而绩效面谈也很容易流于形式。

尽管绩效考核不只是定量这一种，还有定性考核，如安全生产、重大违规违纪行为等定性指标，但绝大多数考核都是定量考核，并且在相当程度上定量是影响定性的关键。因此，建立绩效台账的重要性不言而喻。不过，需要注意的是，企业在设计优化绩效管理体系时，需要将绩效指标进行充分的结构化，对其进行分类分组，并完善计算公式以及数据来源；否则，一旦起点有问题，后续的应用就难以实现。

——将绩效台账与经营数据和管理数据做交叉分析，从中找到改善点

如前文所述，数据之间并不只是因果关系（如A决定B，B决定C），更有相关关系（如A的出现与B的出现之间存在相关性），但因果关系才是重点，对于企业的各项经营管理活动而言同样如此。管理活动驱动经营活动、经营活动影响管理活动，彼此互为因果、互相关联，并且最终都会体现在数据如财务报表上。

有了清晰完善的数据台账，能记录公司级、员工级的绩效指标后，就能将绩效台账里的各类、各项绩效记录与经营活动和管理活动相关的数据进行综合分析，并从中找出因果关系或相关关系，而这些函数关系恰恰可以帮助各级管理者找到改善点，为经营管理活动的持续改进奠定基础。

例如，由于操作未按规范进行、出现违规行为并且被记录下来之后，会形成绩效记录。同时，由于操作不合规导致某一批次的产品出现瑕疵，最终体现在一次合格率的降低；这两组数据，虽然都可能是某岗位员工的绩效指标，但对公司或部门而言，通常会更加关注一次合格率这一指标，而这两组数据/指标之间其实存在着因果关系。找到导致一次合格率降低的原因之后，就可着手去改进。

类似的例子还有很多，将数据分析应用于绩效管理远不只是考核方式与计算那么简单，而是将企业日常经营管理活动中的各类、各时段数据进行分类并筛选，并将这些分散在各处的数据串起来、用起来，将绩效管理扩展为目标管理的大闭环，这才是将数据分析应用于绩效管理最大的意义。

6.4 应用于薪酬福利管理的最佳实践

薪酬福利模块里有大量的数据，所以是 HR 管理领域中应用范围最广泛、应用程度最深的模块。其中，应用于薪酬福利管理中，最主要的目的是分析和设计四个重要的方面，即总额、比率、科目/结构和效用。

——统计分析总额的意义在于对绝对值进行内外部对标并从中找到差异

如果只看薪酬福利总额而不看其他数据的话，可能得不出任何结论。员工数量、所处行业和薪酬水平是决定一家企业薪酬福利总额的最重要的三大因素。例如，一家 50 人的连锁餐饮公司在 6 月份的薪酬福利总额有 30 万元，而一家同等人数的软件公司在同月的薪酬福利总额可能超过 120 万元，两者相差 4 倍但完全没有可比性。

但是，这家 50 人的连锁餐饮公司可以跟相近人数的其他餐饮公司对比，从而了解薪酬福利总额与员工离职率之间的关系，也可以跟前几个月的薪酬福利总额和员工离职率做比对，通过若干组数据之间的纵向比对可以找到潜藏的问题。同理，这家 50 人规模的软件公司也可以进行同业的外部对比和内部的历史对比，从中找出端倪。

薪酬福利的总额很重要，但做薪酬方案设计和优化绝对不能只盯着总额，在总额之外还有很多其他类型数据需要分析对比。此外，做薪酬福利的总额分析，还可以只针对某些特定的序列和群体，例如营销序列、研发序列、技术序列，或者只对部门经理或高层，进行薪酬福利总额的分析；这么做的目的是将分析的主体从公司转变为某个特定的群体，针对性更强。

——**统计分析比率的作用是评价结构是否合理，进而为做方案设计提供参照**

做薪酬福利的比率分析涉及的数据有很多种，其中，做比率分析用得最多的有三个口径：薪酬福利总额占企业成本总额的比率、薪酬福利总额占企业总营业收入的比率、不同科目的薪酬福利占薪酬福利总额的比率。

众所周知，薪酬福利总额占企业成本总额/营业收入总额的比率，与企业所处的行业有密切关系。例如，高科技、软件、管理咨询、IT 等智力密集型行业，由于其具有典型的轻资产、重智力的特征，因此人力成本是最大的成本项。而装备制造业、电力、石化等重资产行业，固定资产摊销折旧、财务费用等科目通常为最大的成本项。因此，假设同样都想做成本优化，那么这两个行业的成本优化策略与重点就有明显不同。以目前成熟的解决方案来看，装备制造业的成本优化方案通常选择提高自动化程度、优化供应链、优化业务流程等"组合拳"来降低成本，而智力密集型行业通常将非核心职能与非核心事务外包，进而减少人员编制、降低人力成本这个最大的成本项。财务外包、IT外包、HR外包、法务外包，以及近年开始兴起的营销外包或社会化营销，都是目前比较成熟的成本控制方式。

不同的薪酬福利科目/结构在薪酬福利总额里的比率各不相同，例如基本工资、岗位工资、年功工资、加班工资、绩效工资/奖金、职位补贴/津贴、五险一金等，基本工资和岗位工资通常对应职位等级，而有些企业则没有加班工资。是否设置这些薪酬福利科目/结构和比率，不仅要考虑这些科目/结构各自对应什么目的，还可以在一定程度上改善薪酬过于刚性的弊端。

同样，在人力成本费用科目里，不同的科目分别对应不同的人力资源事务，例如招聘。有许多企业在解决缺人问题时都会陷入一个误区：把过多的精力和代价放在招聘面试上，而本该及早弥补的短板（如薪酬水平、团队氛围、管理水平）却迟迟不着手解决，结果不仅导致人员大量招聘入职的同时大量流失，让公司高层和人力资源部被招聘工作占据大量人力、财力、精力，还给公司的口碑造成了很坏的影响，结果人越招越少、流失率越来越高，陷入恶性循环。相比之下，那些独角兽、头部公司和行业标杆，表面上看起来招聘难度低、更容易招到优秀人才是因为这些公司具有光环效应和名声，但实际上是因为这些公司的人力成本费用都花在了正确的地方——相对较高的薪酬水平、健全的培训体系、规范高效的管理水平。

这些人力成本费用投入之后不会马上见效，但优点也很突出：效用持久、边际成本低，而且会形成积极正面的良性循环。遗憾的是，许多企业的HR都没有建立起相关的人力成本费用台账，未对与HR相关的各项事务进行数据分析，自然也无法找到问题的根源，更无从谈起用正确的方式来解决正确的问题。因此，统计薪酬福利与人力成本科目的各种比率，对企业的薪酬福利方案设计优化乃至企业的整体运营管理改善而言就显得十分必要。

——统计分析科目／结构是为了提高薪酬福利的吸引、保留和激励效果

前文谈到了薪酬福利的科目,但在开展薪酬方案设计优化时,薪酬福利的科目就不止前文所列的那几项,还会有更多类型和科目。从薪酬福利的三个目的考虑,通常都会包括若干种薪酬福利科目,如表9-6所示。

表 9-6 各结构的效用及影响对比

构成薪酬的要素	对员工的影响		
	吸引	保留	激励
基本薪酬	高	高	中
法定福利	低	中	低
特殊津贴	低	中	低
短期激励	高	中	高
长期激励	中	高	中

钱和钱不等价,不同的科目有着不同的效用,而某个科目的效用大小还取决于具体的数额大小。因此,从薪酬福利设计优化的目的而言,需要以终为始,根据目的来选择数据、根据目的来选择分析的口径和方法。

举个例子,大多数行业的营销序列职位的薪酬结构里,变动部分收入占据相当大的比重,低一些的约占50%、高一些的甚至能占90%(如房屋中介、售楼、保险代理与经纪),固定部分收入只占很小的比重。此种薪酬模式的优点是企业的刚性成本低、激励效果好,但弊端是员工的稳定性较低。如果想提高员工的稳定性,就不适合在变动部分收入的结构和比率上做文章,而是在固定部分收入的结构和比重上面下功夫(当然还有其他手段,此处不表)。总而言之,不同的目的会有不同的手段,需要统计和分析的数据类型也不尽相同。

——统计分析效用是为了评估用于薪酬福利的效用/回报率，为薪酬政策提供依据

企业的每一项支出，无论是将其视作成本还是费用，都是为了获得回报。而回报既有经济回报又有非经济回报，如口碑、美誉度、知名度、员工稳定性等，并且这些非经济回报最终都会转化和体现在经济回报上，两者的区别不过是周期与路径的长短不同而已。

以薪酬福利为例，首先，调薪分为个调和普调两种；其次，调薪的目的有降低离职率、提高满意度和提升激励效果这三种。那么相应地，是普调还是个调，是为了降低离职率、提高满意度还是提升激励效果，就需要做相应的调查。调查能得出离职率、满意度和激励效果量化后的数据，而薪酬福利的调整也有数据。两类数据进行交叉比对、前后比对，就能相对比较客观地了解企业所做的薪酬福利方案是否达到预期的效果（预期值是绝对值或比率）。但是，调查问卷的设计也是重点，如果问卷设计不当，就无从判断之前的状态和之后的效果，但这又是另外一个话题了，此处不表。

6.5 应用于员工培训开发的最佳实践

虽说员工培训是最大的福利，但这个福利并不是通常意义上的薪酬福利，而是作为一项用于改善人力资源质量、提高员工业务能力和收入增加能力的投资。既然是投资，就需要计算投资回报率。而培训这项长期投资的回报率到底有多高，恐怕许多 HR 都很难在第一时间给出准确的答案。当然原因有很多，例如计量口径、计量周期，以及需要与其余 HR 模块的各项数据进行综合分析才能计量，否则培训投资回报率也无从计算。

需要注意的是，将数据分析应用于员工培训领域，主要是从两个方面进行效果的评价，并根据得出的统计数据进行调整。

——培训维持性的目的，旨在让员工认同企业

无论是通才教育还是职业教育，都无法满足所有企业的需要。员工进入一家新公司或者调整到新岗位上，都需要一定时间去适应和磨合，而承担此项职责主力的只能是企业而非员工。例如，员工到了新公司或新岗位，需要熟悉新公司的企业文化和规章制度，或者调整到新岗位之后需要接受新岗位必备的培训。

此类培训并不能够让员工变得更优秀或更能干，最多只能让员工提高人岗匹配度和适应度，并且此类培训不同于岗位的专项技能培训（包括通用技能和专用技能），投入越多并不会产出越多，甚至有时候投入与产出在达到某个临界点之后呈负相关关系——培训越多业绩水平越低，或培训越多离职率越高。例如，具有"洗脑"色彩的企业文化培训，此类培训越多，效果越差。

对于此类培训相关的数据，最佳实践是将其作为一项单列支出进行统计，并且只与离职率进行一段时间内的分析，如新人入职后三个月的维持性培训投资/离职率分析，这样做的好处是能够与增长性培训投资回报率区分开，以便更真实、准确地评估培训工作的成效。

——培训增长性的目的，旨在让员工具备更高的价值创造能力

为了提高员工的业务能力或价值创造能力所开展的培训，是最常见的一种培训，但是从实际情况来看，此类培训通常不容易通过一两天的培训就能实现，无论是外部师资还是内部师资。其中不仅有课程设置的原因，也有员工能力分类分级量化与课程分级的问题，还有课程设置与评估的问题。但从数据应用的角度来看，要准确评估培训投资回报率，最好先对员工的知识与技能进行量化。当然也可以简化这个过程，不对员工的知识与技能进行量化，而是简化为人均劳动生产率，可以是人均销售额/营业收入，也可以是人均毛利润。

至于计算公式也很简单：选择某个周期（如年度、半年度或季度）的人均劳动生产率作为参数 A，而同期的培训投资作为参数 B，在培训结束之后的第三个月统计当期的人均劳动生产率并将其作为参数 C，最后将函数 AB 与函数 CB 进行比对，就能知道培训投资回报率的前后变化。

统计培训投资回报率的基本公式是：（培训投资÷人均劳动生产率增加值）×100%；其中，人均劳动生产率增加值 = 培训后三个月的人均劳动生产率 – 培训前的人均劳动生产率。这个公式最能衡量培训管理工作的成效，但要提高培训投资回报率却需要在许多方面做文章，详见本书第 5 章内容。

6.6 应用于人力成本管理的最佳实践

将数据分析应用于人力成本管理会涉足许多专业的内容，不仅是人力资源管理领域，还有研发、生产、供应链、营销等领域，涉及篇幅甚巨，但从归口角度考虑，本文只谈应用于人力成本管理的三个注意事项。

——人力成本相关数据很多但需对数据贴标签，细化数据挖掘的颗粒度

人员编制、薪酬福利水平、社保费率、员工技能、设备自动化程度、管理水平等诸多因素都会对人力成本产生直接影响，有些是强相关有些是弱相关；在统计这些成本项之前需要对其进行分类分级并贴上相关标签，以便于归类统计。因此，贴标签的工作其实是数据挖掘的颗粒度细化，这项工作不难也不算烦琐，并且做这项工作也不仅是为了控制人力成本，还有盘点家底的作用。

统计完所有人力资源相关的成本项并贴上标签之后，可根据其占人力成本的比重，挑选出占比排名前五位的成本项，这是人力成本管理的第一步；统计完之后对其进行分析改进，则是第二步工作。

——挖掘数据不等于解决问题，只是提供分析判断的依据

数据只是一种表达式，其本身并不会告诉你人力成本控制的答案，但是能够让HR以更直观的方式观察到人力资源管理工作的成效，为分析判断、找出问题乃至改善和决策工作提供依据。

所以这些数据只能作为素材，要想将这些数据应用起来、让其发挥作用，则需要HR对数据进行加工——构建起跨领域、跨专业的函数，这才是数据分析应用于人力成本控制的重点。但这又涉及HR的知识结构、专业深度、社会阅历、工作经验，要以这些底蕴作为支撑，否则就算找到原始素材和海量数据也无从下手，当然也谈不上做问题识别与分析。

——人力成本控制的重点是控制编制，其次是找出和标注隐性成本项

即便不是社保新政的影响，由于人口红利消失、就业方式多元化和产业结构调整，中国企业的人力成本也一直在持续提升。对企业而言，降薪显然不是控制人力成本的好方法，而用得最多、副作用最小的当属控制人员编制（裁员也属于控制编制的一种，但太过被动且副作用大，成本高）。

人力资源管理的"三定"（定岗、定责、定编）并非一成不变，随着科技水平的提高，以及互联网化、数字化与智慧化的推进，"三定"工作甚至可以每隔一年做一次。我的个人观点是：宁可编制紧一些，也要避免满编，更不要超编，哪怕企业的业务一直高速健康发展。

管理学家查尔斯·汉迪说，企业最好是一个人给两个人的工资干三个人的工作。这个说法虽然有些极端，但可以提供参照借鉴。对于工作量并不那么饱满但又不得不做的工作，如人力资源中的员工关系、社保办理、薪酬发放，以及部分行政工作，要么集中到一个人身上去完成，要么索性外包，这些都是很好的解决方案。

除了上述显性成本，企业里还会有许多看不见的隐性成本可供挖

掘，如沟通成本、加班成本、用错人的修正成本、会议成本、差旅成本等。这些隐性成本很容易被包括 HR 在内的许多管理者忽略，但如果能找出导致这些成本项发生的原因并着手解决，总体成本累积起来也相当可观。

后　记

起笔于 2020 年 8 月，停笔于同年 10 月——本书从起笔到完稿的这三个月时间内，发生了许多大事。其中比较有代表性的一件大事是新冠肺炎疫情在国内基本受控；另一件比较有代表性的大事是美国对中国不择手段地打压与围剿，典型事件如华为的芯片断供。从更长的周期和更大的视角去看，这两件事会对中国企业尤其中小企业的转型升级与加强组织建设、人才管理，无疑起到了一个催化和加速的作用。

黑格尔说，人类从历史中学到的唯一教训就是，人类没有从历史中吸取任何教训。中国企业的转型升级不是一个选择题而是必答题，加强组织建设与人才管理不能只从人力资源管理工具上做文章，更要上升到公司战略的高度。因为中小企业未来面临的竞争环境只会更加激烈，在人力、财力和技术都不占优势的前提下，要想与大公司、头部公司或独角兽分庭抗礼，赢得一席之地，显然不可能再依赖人口红利或低成本战略，也不能采取全面对抗的方式，而应在快速补齐短板的基础上，采取非对称竞争、调整竞争战略并突出局部优势的方式来实现成功突围，因此，不要用战术上的勤奋去弥补战略上的懒惰。中国企业交的学费已经足够多，早该觉醒并立刻行动，而不是一次又一次地在同一个地方跌倒。

中小企业需要补的短板有很多，但最重要的短板不在技术、不在方法，而是老板们的心智与认知，这是关键，其次才是战略，最后才是战术。如同本书定位于一本策略类的 HR 管理图书那样，侧重于介绍如何正确理解并选择各种人力资源管理技术、工具和方法，如何开展人力资源管理工作的指导书，而非一本阐述 HR 技术工具的书籍。因为技术解决不了认知问题，战术解决不了战略问题。

虽然很难指望通过读完这本书就能改变中小企业的老板和 HR 管理者的认知，但我还是希望能给老板和 HR 管理者带来一些触动并最终引起他们的一些行动。如果力有未逮，还望读者朋友们见谅；如果的确能给中小企业的老板带来一些改变，会让我感到非常值得。此外，谈到转型升级，当然不能只谈企业端和个人端的转型升级，作为咨询顾问的我、本人也需要转型升级——基于项目交付、模块化的咨询服务方式其实并不太适合中小企业。从最近十年的咨询经历中，我发现，中小企业往往更需要咨询顾问深度和长期的参与，不仅是为了确保咨询方案的落地实施，更要顾问亲自参与到企业的决策和日常运营过程，构建命运共同体。所以，从 2021 年开始，我调整了自己的业务定位，增加了与客户深度捆绑、战略结盟的服务方式，不仅帮助客户解决人才、组织的问题更承担起帮助客户提升业绩做增量的职责。关于这个话题，有兴趣的读者朋友们可以加我微信（3691851）了解详情。

新常态其实没有那么难适应，最难的其实不是技术而是心智、认知和态度，中小企业不能指望别人、指望政府去帮自己渡过难关，而是要反求诸己，向内看，尽快补齐短板、尽快转型升级，除此之外没有任何捷径可走！

最后，我想引用此前发表的文章中所谈及的四个关键词，送给所有的读者朋友们：回归、聚焦、长期主义、保守主义。这四个关键词非常适合当下的企业老板，也适合所有在职场中奋斗的"打工人"！